ライノ曽木

RHINO SOGI

正しい貧乏青年の食卓

はじめに

諸君には「お金がないくせにお腹減っちゃったよ」ということがないだろうか？

給料日まで一週間もあるのに三千円しかない！

旅行に行ってスッカラカン！

飲んで調子にのって使っちゃった！

そもそも働いてない！

もしも、空腹や貧乏が気遣ってくれて「今月は映画館行きまくってたな」や「またギター買ってたし」などで遠慮してくれるならいいが、そんなことはおかまいなしにお腹は減ってしまう。

我々はこのようなとき、どうすればいいのだろう。

少しの間なら喰わずに寝ててもいい。

でも、生きている限り何かを食べ明日にたどりつかなければならない。

じゃあいったい何を思い、何を食べて明日を待てばいいんだ。

本書ではそのような疑問に答えるべく、あらゆるシーンに対応した心構え＆食事法を用意した。

最近肉との出会いがない。もやしで一週間つなぎたい。テーブルないけど腹減った。ランチタイムに隠れてたけど、みんなと食べたい。ＤＪ風に食べてモテたい。たこ部屋に住んでるけど、国際交流には興味ある。実家でバレずに夜食を食べたい。永ちゃん大好き……。

若いうちにお金がないのは、しょうがないこと。シャレになるうちは、しばらく忘れ、ゆっくり音楽を聴き、映画を観て、バイクに乗って街を眺めよう。

そのうちなんとか、とは言わないけれど、ギリギリまで忘れ、スレスレまで笑う。それから働こう。

空腹なんて飼いならせるし、お金がないのもしょうがない。それなら笑って差し上げよう！

正しい貧乏青年の食卓●目次

初出●「BURST」1997年2月号～2002年12月号（コアマガジン）

正しい貧乏青年の食卓

01

お題
▶異端のイタメシ

Ciao !
cosa nostra

イタだくぜ!! 貧乏食マフィア

Mr.Calito
貧乏マフィア。まだ半人前のため血で血を洗う本業より皿洗いのバイトのほうが忙しい。

最重要食材の一つ、スパゲティ。イタリアのみならず、あらゆる食材を受け入れてくれる万能さを感じよう！

スパゲティの万能さは、ひとり暮らしをしたことがある人なら周知のはずだし、それを知る、いや感じるまでに、さほど時間はかからなかったことだろう。

たとえば、給料前や仕送り前に米がつきたとする。一キロぐらいの少量の米なら買えるが、少量の米ほど割高感があるものはない。米は同じブランドでも一キロよりは五キロ、五キロよりは十キロのほうが単価が下がる。簡単に傷むものではないし、毎日のものなので、どうせなら安く買ったほうがよいと思うのは普通のことだ。もし一キロの米を買うなら、馬鹿だと思われる覚悟をしたほうがよいだろう。

そんなときにスパゲティと出会う。ここでいう出会いとは、いつもは米が担っているベース食材としてのそれだ。

もちろんスパゲティもまとめ買いがお得なのは米と同じだが、五百グラム百円ぐらいで買っても米ほどの背徳感は感じない。二食か三食分と考えても、まとめ買いの米と十分に勝負できる単価ではないだろうか。また、お湯の中でみるみる太く育ってくれるのもポイントだろう。

また、スパゲティは水〜戸やゆかりのような和物からカレーなども幅広く受け入れてくれる。スパゲティ（パスタ）にルールはないので、自分なりのスペシャルメニューを考案しよう。

カール ボナーラ

チーズの壁を軽く乗り越える

粉チーズを買うのは大変なことだ。たとえばミートスパゲティを作るとして、ソースの主役であるミートソースをレトルトで買ったとしても100円そこそこの時代に、脇役の粉チーズは80グラムで300円超えも珍しくない。一度に全部食べたとしても、80グラム分しかお腹に入らないものに対して、この投資が躊躇なくできるだろうか。そこで、カールのチーズ味。この袋を開けたときの濃厚なチーズの香りを思い出してほしい。この実力があれば他の食材と絡ませることは容易だ。作り方は、カールをクラッシュしてふりかけるだけ。粉状とカール状のものを砕き分けして食感を楽しもう。ただ、予想以上に口中の水分を持っていかれ、パスタの滑りが悪くなるので注意が必要だ。喉の通りが悪く引っかかりそうなときは水を飲もう。ちなみにこのカール。フレンチではエスカールゴの材料として重宝されている。

水〜戸スパゲティ

ミート ザ ヌードルズ

畑の牛肉と言われる大豆を発酵させた納豆。最近は北海道産なども台頭してきているが、スパゲティにかける場合は茨城県の水戸のものが相性が良い。より肉に近付けるコツは、水戸が糸を引くぐらいに伸ばすこと。そうすると、なぜ、肉とまで言われるかがわかるはずだ。他の産地では絶対に適わないものを水戸は持っている。

ニートスパゲティ

時間のある人は一から作ろう

穀物は潰したほうが麺との絡みがよくなる。納豆も穀物なので、この法則が当てはまる。そこで、ひきわり納豆をソースにしたのが、ニートスパゲティだ。「働いてないし、ヒッキーだから時間あるし、暇潰しに穀潰ししよっかな」という人は、納豆を挽き割るところから始めてもよいだろう。

ゆかりスパゲティ

三島公認のオフィシャルメニュー

別名「三島スパゲティ」。三島食品のしそふりかけ「ゆかり」を茹でたスパゲティに混ぜ込むだけのメニューだ。ゆかりのパッケージ表には「しそごはん用」とあるが、裏面には「ゆでたスパゲティにもどうぞ」とあるので、三島サイドとしても承認している正規メニューだ。26グラム入りで麺100グラムだと8回OK。一袋は約100円なので一回の具代は約12円になる。

みそスープスパ

音をたてて堂々と啜れ

別名「ねこスパ」。早く言う必要がある場合や親しい間柄の人に言う場合はこちらを使おう。ここではスープにしたが、茹でたスパゲティを味噌とニンニクで絡めるように炒める調理法もある。

サッポロ一番シチリア風

丼・コルレオーネ

「スパゲティ茹でんのに9分も待てるか、カス!」という短気なマフィアの兄貴もいることだろう。そんな人は「サッポロ」でスピーディにどうぞ。作り方はサッポロの塩味にトマトジュース、もしくはカットトマトの缶づめを入れて煮込むだけ。さらにニンニクチップがあればパーフェクト。チャイニーズとイタリアンマフィアのススキノ頂上決戦。血で血を洗う死闘をイメージして赤いスープを飲み干せ。

なぽりタン♥

陳列棚に咲く一輪の花

コンビニの調理パンコーナーでは高価で一見華やかなパンたち（パン助）が指名を待っている。「ジューシーカツサンド」「BLTサンド」「照り焼きチキンサンド」……。それらは200円〜250円ぐらいで取引されているが、この相場に疑問を感じたことはないだろうか。デフレで牛丼価格戦争が起こっている昨今の状況を考えても高止まりしすぎではないだろうか。もし、牛丼のライスをパンに見立ててサンドウィッチ風にしてみれば、倍以上のボリュームになると思うのだが……。コンビニサンドにはせめて「じゃあ耳を切るな」と言いたいものだ。さて、そんなアバズレだらけの陳列棚にもけなげさを感じさせるパンがいる。なぽりタン（約100円）だ。スパゲティをケチャップで炒め、具はソーセージの一ミリ厚ぐらいの輪切りが数枚。それも上から見える部分だけに乗っており、中に入っていることはまずない。パンも麺もルーツは同じ小麦粉なので、よく考えると小麦粉オン小麦粉ながら、ボリュームを出し、食感を変え、ケチャップで食べさせるというトリッキーなメイクの技が光っている。「すっぴんは想像しない。この子にだったら騙されてもいい」と思えるなぽりタンを指名しよう。

02
お題
▶BEAT肉

Meat generation

ボーイ・ミーツ・ミート

肉そん大統領
3食すべて肉を喰らう肉ジャンキー。英断はブロック肉を食しながら、本能のままに下す

肉と飯。これほど空きっ腹に ドシンと収まる組み合わせは 他にあり得ない。 スーパーというサーキットで 肉魂を購入し、獣に戻って喰らいつけ!!

もしも肉から遠のいている期間が長引き、肉離れも限界だと感じたらどうするだろうか？　もう、ごまかしが効きそうになく、肉を食べるしか収拾が付かない状態。「今日は肉日和ねぇ」などと悠長なことを言っていられないところまでいくと、グラム単価の高いコンビニの豚バラのパックぐらいでは、到底その欲求を押さえることはできないだろう。そんなときはスーパーに行くのが良い。左周り（反時計周り）のスーパーではサーキットの第一コーナーに野菜、もしくは精肉売り場がある。並び順はなぜか、牛、豚、鶏だ。レースにエントリーしているおばさん達の中には、買い物中は頭の中が自分のためだけに働くようになっている人も多いようで、マナーが欠落した状態で参戦していることもある。人がある商品を見ていると「何？　何か得なものあんの？」というふうに近づいてきて、その人を押しのける勢いだし、無表情で他人の買い物かごをチェック。バラ売りのじゃがいもが入ったダンボールの底のほうから大きいものを探そうとする。まったく最強無双の振る舞いだ。だが、一見、見苦しいと感じるそのような行為だが、考えてみると、ここは人が口に入れる食べ物を選び獲得する場所。つまり狩りの現場ともいえる場所では、そのような行為から得られるものがあるのかもしれない。特に肉離れの限界に達している時期だ。

　そこで、おばさんの行為の一つ、フィンガープレス（肉パックの指押し）を考えてみたい。これは、パックに入った肉をラップの上から、親指ないし人差し指で押す行為で、言うまでもない

Big Katsu丼

作る前に充分戻す

トンカツは特別な食べ物なのだろうか。トンカツ屋さんで定食を食べると、1500円ぐらいは普通で、並、上といった差もある。どう考えても普通の定食屋より、何段か上に構えているようだ。レバニラ炒め（上）など見たことあるだろうか（ちなみに「焼きそば（肉入り）」と「焼きそば」がある店は知っている）。この辺の振る舞いを見ると、うなぎ屋に準じているような感じだ。うなぎは誰もが認める御馳走だと思うが、トンカツも同じ位置かと問われたら答えに躊躇してしまう。総菜コーナーのトンカツも300円ぐらいと何となく割高感がある気がする。ただ、日本人として生きていると、どうしてもトンカツが必要な時はあるし、カツ丼を避けられない局面もある。そこで駄菓子のBigKatsu。これなら30円なので気軽にカツ丼がいただける。ただし作る前に溶き玉子に充分にひたして、"戻す"ことを忘れずに。

が、指圧で肉のコリをほぐしているわけではない。パック詰めされた肉はもう死んでいるのでそんな必要はないはずだ。動物は五感で物事を判断する。つまり視・聴・嗅・味・触だ。スーパーでも食べ物を獲得するためにこれらを使う。だが聴は使えなくて、嗅もラップなので困難。そこで視て触って選ぶ。理性が発達した人間は触を遠慮するが、本能優先のおばさんは食べたくなった肉を触って確かめる。これは動物としては正しい行動なのではないだろうか。彼女たちに最も押されている肉、それは豚のブロック肉と鶏の胸肉だ。この二つは肉とラップの間に隙間がなくパツンパツンのムッチムチ、ラップを針で突けば破裂しそうなぐらいの勢いだ。これを押したくなる気持ちはわからなくもない。肉のもっとも肉らしい姿での主張。これに反応するのは肉食の動物として正しいのではないかと思うのだ(少なくとも細切れを押すよりは)。そこで、肉離れ限界時の選択は、ちまちま細切れ肉を食べてごまかすよりも、がっつりと肉を肉らしく食べることができる豚ブロック肉か、鶏の胸肉にロックオン。どちらを選んでも間違いないはずだ。

豊胸で胸キュン
(鶏胸肉×ゆず胡椒)

胸を豊かな味わいに

淡白な鶏肉の中でも、とりわけ淡白だといわれる胸肉。その胸肉もゆず胡椒と出会えば、豊かな香り、そして味わいになる。こんなに豊かな胸になってくれるんだと、感動するほどだ。作り方は、胸肉に均等にゆず胡椒を塗り、あれば電子レンジのオーブン機能で焼き上げるだけ。オーブンがなければフライパンでもOKだ。

胸焼けなら胸焼け
(鶏胸肉×ゆず胡椒×大根おろし×ポン酢)

二日酔いでも大丈夫

お酒を飲み過ぎて、二日酔いで胸焼けがする。こんなときは濃いものは食べられないので、あっさりした食事で復活したい。大根おろしとポン酢だけでも、充分あっさりだが、そこに鶏胸肉とゆず胡椒なので、あっさりにもほどがあるというか、しつこいぐらいあっさりした味に仕上がる。豊胸で胸キュンに大根おろしとポン酢を足す感じで。胸焼けなら胸焼け、だ。

豚のLEGO焼き

噛みちぎってこそ肉!

豚のブロック肉を一本丸ごと焼くLEGO焼き。塊肉はロースでもバラでも、たまに安く売られていることがあるので（今回は100グラム108円）、ぜひ試していただきたい。昨今の、肉は柔らかいほど良いという柔らか肉至上主義に反した、噛みちぎる食べ方だが、本来、肉の食べ方とはこういうものではなかったか。このようなダイナミックで豪快な肉の食べ方こそ、今求められているのではないだろうか。心を込めて焼き、そして喰う。魂の塊料理をぜひ。

無料の牛脂でジューシー3品（胸焼け注意）

①牛脂丼（ビーフライス）

スーパーの牛肉コーナーにて無料で提供されている牛脂。もちろん何かお店で買うことが前提だと思われるが、その金額や品物で制限がかかるわけではなさそうなので、機会があれば入手したい。そしてこの牛脂でライスを炒めたのがビーフ・ライス。できあがりはサラダ油よりワイルドな風味に仕上がる。牛脂ではサイコロ・ステーキもできそうだが、すぐに角がなくなり、昔の「ごきげんよう」のサイコロみたいになるので注意が必要だ。ほっとくとなくなる。

②ビーフビーフン

ビーフンを牛脂で炒めたビーフビーフン。牛の香りが香ばしい焼きビーフンに仕上がるが、これをスープにしても、ホッとするスープビーフンとしていただける。焼きでもスープでも、余裕があれば丸ごとの牛脂をトッピングしてみよう。ただし無料だからといって、たくさん入れすぎると胃もたれするので注意が必要だ。

③牛串焼き

牛脂を串に刺し、さっとあぶった牛串焼き。お好みで、塩胡椒を振るとスパイシーに仕上がる。また、違うお店の牛脂を連ねて焼くと食べ較べができ、飽きずに食べ進めることができるだろう。注意点は焼き過ぎるとなくなる可能性がある点。まさに元も子もなくなるので、焼くというより、あぶりをイメージして優しく扱おう。

①

②

③

03

お題
▶炊くんジャー

Road to the master of electric jar

ジャー道に邪道なし!!

ジャー吉くん
型は古いがまだまだ現役。
「なんでも炊いちゃうぞ!!」

〝炊飯〟という思い込みを消し去ることから始まるジャー道。ルール無用のチャレンジ精神から生まれる新しいクッキング!!

電子炊飯ジャー。君たちの中に、この電化製品を白米専用の家電だと思い込んでいる人がいないだろうか？　もしいたとしたら残念なことである。〝道具に使われている人間〟と言われても仕方ないだろう。

自分も初めはそうだった。やはり〝炊飯〟というネーミングで、これは米を炊く機械と思い込んでしまったのだ。それに、「♪はじめチョロチョロなかパッパ、赤子泣いてもフタ取るな」とあるように「炊飯中は絶対にフタを開けてはならぬ」という決まりを素直に守っていたこともあった。だが、ある日「ジャーはどんな感じで米を炊いてるんだろう。開けてみたい」という衝動を押さえきれなくなった。鶴の恩返しで障子を開けるときのような気持ちだった。「開けると蒸気や圧力の関係で米がおいしく炊けなくなるのではないだろうか」と思いながら開けてみた。そこにはクールな外観とは反対に、とぎ汁をグツグツ沸騰させながら米を炊いている姿があった。「これだったら、なんでも炊けんじゃなかろうか」。こう思って最初は米と一緒にジャガイモを入れてみた。炊けている。サツマイモ単体でもいける。

そう、ここから革命が始まった。電気で食材を温めて（炊いて）くれるＪＡＲ（＝つぼ）と考えられるようになったのだ。それができたら後の発想は自由だ。おでんもできるしパンも炊ける。ここに挙げたメニューはあくまでも参考例だ。諸君は諸君でジャーを操り、チャレンジし、そしてジャー道を極めてほしい。ジャー道に邪道はない！

こんにちは！ 猫まんま

全世界対応のWORLD CAT'S MAMMA

「ハローキティのむき栗」を白米と一緒に炊き、栗ごはんとして食べるのが「こんにちは！　猫まんま」（注※こんにちはの部分はローカライズされるので、関西では〈まいど！猫まんま〉ネパールでは〈ナマステー！猫まんま〉サザエさんの三河屋サブちゃんだと〈ちわー！猫まんま〉となる）。むき栗は確かに食べやすい。しかし栗の硬い皮をむく苦労なしに単体で食べるとバチが当たるのでは、と恐怖を感じている人もいることだろう。そんな人もライスと絡んでいるこの調理法なら、罪の意識から解放されるはずだ。

ギョー・ジャー

ほぐして炊き込む炊きギョーザ

ギョーザには「焼き」「水」「揚げ」など、いろいろな調理法があり、それぞれの味わいがあるが、ここでは炊き込みご飯としての「炊きギョーザ」を提案したい。作り方は米1合に対して、4個くらいのギョーザを釜に放り込むのだが、その4個の他に2個くらい、皮を破って具をほぐして入れておくのだ。炊き上がると、ご飯に肉やニラ、にんにくなどのダシがしみ込み、他の調理法では得られない味となる。皮分しか予算がないという人は皮だけを入れて、皮めしとして食べよう。タレとラー油は炊き上がってからかけること。

ジャーハン(石井式)

イシイを余すところなく

イシイのミートボールの袋に入っているタレのようなものにヤキモキしたことがないだろうか。なんとか有効に使いたいと思っている人は炊き込みにしてみよう。炊きあがったら、塩、ケチャップで味を整えて。

酢い飯ジャー

ツナ缶は中身を丸ごと投入

ほぐしたツナとマヨネーズを白米に混ぜて炊くメニュー。余裕があればコンソメやだしの素なども付け加えると、より風味豊かに仕上がる。炊き上がりは具がご飯の上で固まっているので、熱いうちに素早く混ぜよう。

チキンライス

鶏ガラスープが決め手

チキンラーメンと白米を同時に炊くメニューで、鶏ガラスープがご飯にしみ込んで炊きあがる。麺は伸びきっているが、そのヌルヌル感がご飯によくなじんでいる。作り方のコツは麺を細かく砕いておくこと。もちろんベビースターでも代用可だ。

炊きプリン

厚紙とハサミを用意しよう

これも米以外のものも炊けるという好例。プリンを自前で作るなんて、想像しただけで「ごめん、買います」となりそうだが、ジャーだと、意外と簡単に炊けてしまう。写真の大きさのものだと、卵5個に対して、牛乳500ミリリットルと砂糖50グラムを混ぜて炊くだけである。カラメルも難しいものではなく、砂糖と少量の水を色がつくまで煮るだけ。それを最初に釜に入れ、あとはプリンの材料を入れてスイッチオン。ただ問題は、完成しても「プッチンできねぇ」ことだ。形を保ったまま皿に載せるには、釜の内径に合わせた厚紙などを用意して慌てず慎重にひっくり返すことだ。

ジャー・ンボ・ホットケーキ

全自動ホットケーキ・マシーン

ジャーは米だけを炊くものにあらずという説の好例がこのジャー・ンボ・ホットケーキ。味も作り方も普通のホットケーキと同じなのだが、材料を混ぜるボールは必要ないので、洗い物が少なくなるし、テフロン加工なので油もいらない。火の調整もしなくていいし、どういう計算をしているのか知らないが、炊飯スイッチを押すだけで、出来上がったらピーピーピーと教えてくれる。さすが電子ジャーという感じなのだ。しかも写真のような焼け具合。ここまでくると、ジャーでも炊けるというより、ジャーのほうが適していると言っても過言ではないだろう。今回はホットケーキミックス一箱分を一度に作ったが、もちろん、少量ずつでも大丈夫だし、一度に作ったものはケーキのベースにしても良いだろう。また、余裕のある人は材料の中にチョコレートやフルーツなどを入れておくのも楽しい。「炊飯器の目盛りが写らないのでは」と不安に思っている人もいると思われるので、写真を載せておいた。1合、2合や玄米、おかゆなどもしっかり写るので心配無用。好きな人にこの部分を食べさせると、いいアピールになるだろう。

04 お題 ▶小心料理

For chicken

弱カス（ジャッカス）くん
本人はパンクのスキンズのつもりだが、超ビビリなので周りからはチキンスキンズ（鳥肌パンクス）といわれている。

弱虫はいつまでたっても弱虫のまま。そんなチキンな自分を受け入れて、弱火でコトコト慎ましく調理しよう。

ある日の夕刻。赤く染めたモヒカンをピンピンに立て、スタッズをびっしり打ち込んだ革ジャンを着込んだパンクスのお兄さんが、自販機でタバコを買っていた。近くにライブハウスがあるところだったので、そこに向かう途中だったのだろう。仲間とはまだ合流していないらしく一人だ。ちょうど自分もタバコがなくなりかけていたので、後ろに並んだ。なんとなく待っていたのだが、ちょっとお兄さんがもたついている。どうやら硬貨の状態が悪いらしく、入れても釣り銭の口から戻ってきているようだ。一回、二回とチャレンジするが上手くいかない。さらに数回続けたところでこちらを振り返った。「すいません、先どうぞ」。プレッシャーをかけたつもりはなかったのだが、パンクスは後ろに人の気配を感じ「迷惑かけてる」と思って譲ってくれたのだろう。代わりの硬貨がなく、紙幣に切り替えてチャレンジすると、さらにこの人を待たせちゃう、という判断が働いたのかもしれない。「分かる。いい人」と思ったのと同時に、申しわけないが赤いトサカ頭のせいもあり「ニワトリ=チキン」を連想してしまった。振り返ると、硬貨を入れては下の釣り銭口から取り出す行為を繰り返す、比較的小刻みな動きもそう感じさせたようだ。

我々は日々、自らの小心と闘っている。コンビニでレジに誰もいないときに、声を出す前に気付いてくれないかなと思ったり、外食するときに、その店の雰囲気や混雑具合を店の前を往復してチェックしたり、入ったら入ったで端っこの席を探したり、座ったら座ったで、店員が自分より後に入った客のオーダーを聞いたりして焦ったりする。さらにオーダーしても自分のものが来なかったらどうしようと不安になったりもする。

おそらく外界での小心との闘いは永遠に続くだろう。損をしたり割り込まれても文句を言わなかったら料金を割り引いてくれる「小心料金」のような制度や減税措置があるならいいが、行政のサービスもそこまで行き届いてないようだ。これではいつまでも報われない。ならば、せめて家ではのびのびと過ごし、食事をするときも小心者専用の料理、小心料理を食べたい。ここではそのような小心料理をいくつか紹介しようと思う。専用のメニューだし自分の家なので誰に遠慮することもない。このメニューをマスターすれば安心して、ひっそりと堂々と食事することができるだろう。

芋ひき

鶏の胸を借りて

「お金はないけど、肉料理が食べたい」というときは先輩の胸肉を借りて、芋ひきを作ろう。じゃがいもと鶏ひき肉の煮物だが、鶏ひきに慣れていないなら慎重にことを進めよう。煮物なので吹きこぼれることもあるが、それに備えて、腰を引き気味に調理し、いざ、というときは直ぐに逃げられるようにしておこう。

ファミチキ丼

家族全員が小心者なら

「うちはファミリーで弱虫なんです」という人は、ファミリーマートのファミチキを使って、丼にしよう。「家族に骨のある者もいない」という人もファミチキは「骨なし」なので心配はいらない。ファミチキ単体でも小心者一家に対応しているが、心配なら玉子が入っているマヨネーズを。さらに一手間かけるなら目玉焼きを乗せて家族のつながりを強めるのもよい。

肝っ

レバと砂肝で肝づくし

女性は電車の中で見かけたり、道路ですれ違った男に対して「この人は何を食べたらいいかな」や「この人は何を食べているんだろう」ということを想像しているそうだ。たまに会話から漏れてくる「叙々苑」や「マック」という単語はそのような背景で発せられていることが多いと聞く。そこで「きもっ」とすれ違いざまに聞こえてきたら、それは肝を薦められていると解釈するのがよいだろう。単に「きも」ではなく小さな「っ」が入るぐらいなので、複数形でレバと砂肝を奮発しよう。

肝だメシ

小っちゃい肝っ玉を小っちゃい器で

硬くて厚みのある砂肝をなるべく薄く細かく切って、小さな肝っ玉を用意し、ライスと炒めてチャーハンにしたのが、肝だメシ。おいしいので食が進むが、炭水化物であるライスを食べ過ぎると、太っ腹になってしまうので、自分の身の丈を考慮し、小さい器で食べるようにしよう。

鳥肌たつた揚げ

怖いことがあった記念日に

関西地区では「寒イボたつた」。脅された日や、恐怖体験をした記念日にお薦めの一品だ。鶏の皮にしょう油、みりんで味付けをし、片栗粉で揚げる。唐揚げは気の弱い者同士集まってパーティをするときなどにも使えるだろう。そのときに、わざとちょっと騒いでみて、近隣の人から怒られてシュンとするのも醍醐味だ。

チキンハート丼

傷つきやすいので扱いに注意

たれで味付けした鶏のハツを丼でいただくチキンハート丼。焼き鳥として売っているハツをばらして作るのが簡単でよいが、生を買ってきて作るのもよいだろう。その場合は傷つき傷みやすいので注意が必要だ。同様のメニューに「ノミハート丼（蚤の心臓丼）」があり、たらこふりかけご飯のような食感だと伝わっているが、作るのが困難なので幻の小心料理、究極の小心料理と呼ばれている。また、蚤をONLYと訳して「オンリーハート丼」とすることもあるようだ。

軟弱煮

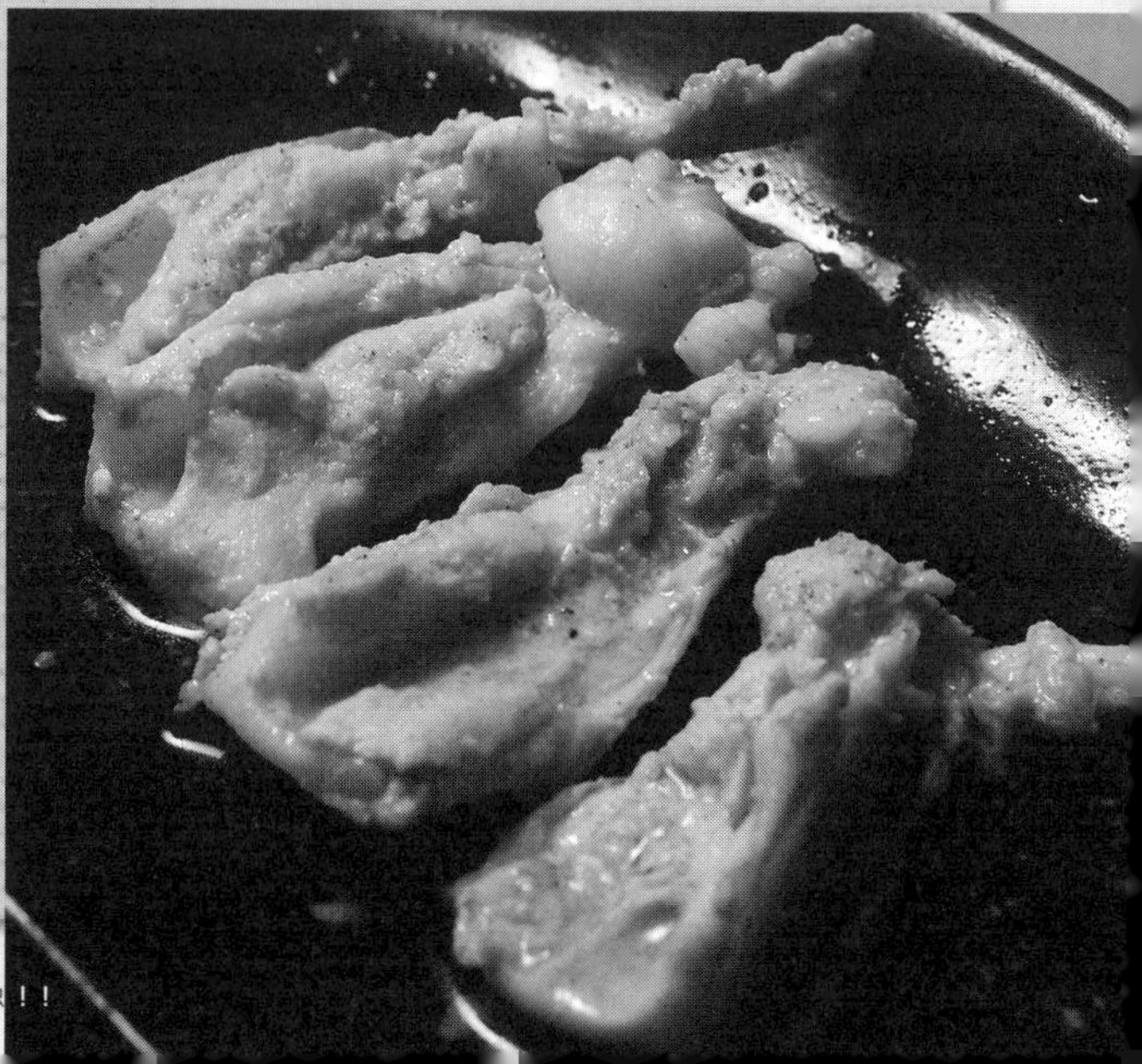

鶏軟骨の弱火煮込み

鶏の軟骨は焼き鳥でよく使われるが、焼きが苦手な人は弱火でとろとろ煮る軟弱煮がよい。ただ、弱火なので調理時間が長く料理を待つ人に怒られる人もいるかもしれない。そんな人は、地鶏ではなく軟弱に育てられて骨の柔らかそうなブロイラを選びイライラを押さえよう。

05

お題
▶愉快な床喰い

Eat
on
the floor

床喰い向上計画

ガバ子のテーブル。心はひからびてないが、ここからはひからびた米粒、化粧品が出土する。

ガバガバ子（旧姓）
オシャレ好きで片付け苦手。好きなブランドはドルチェ＆ガバコ。「ミニサボテンは枯れちゃったかな……」

奥が深いけど真剣に取り組めば必ず役に立つ床喰い。みんなもスマートで便利な床喰い作法を身につけて、目指せ床喰い師範代！

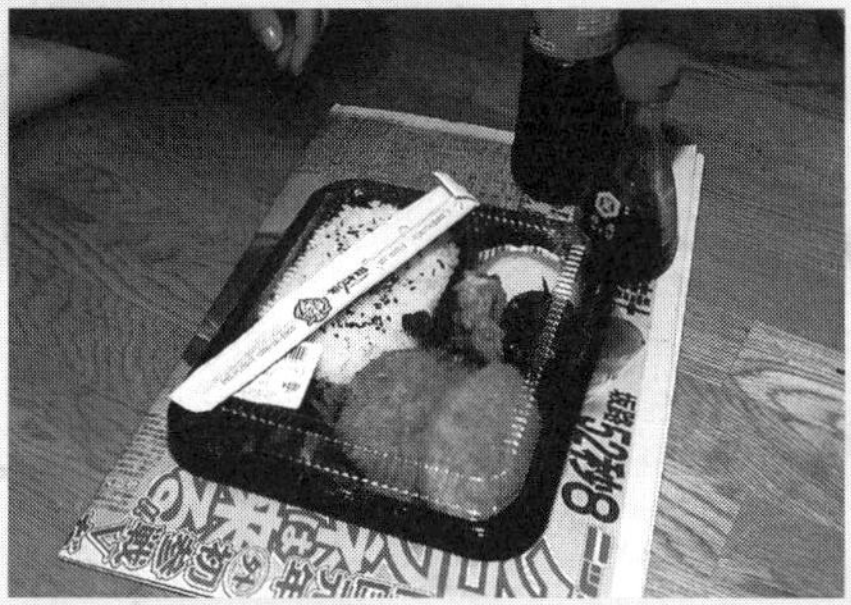
新聞を敷きものに使った例。

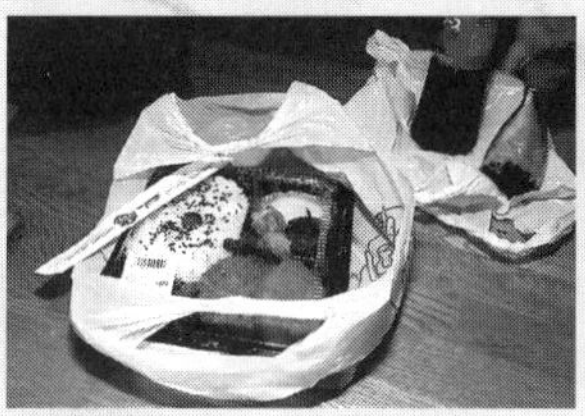
レジ袋をそのまま。一番合理的ではある。

ランチョンマット。汚れたら洗濯もできる。

「あ～今日も疲れた。しかし部屋散らかってんなぁ。弁当買ってきたけど、机の上には置く場所ないし、ソファは洗濯物置き場になってるし……。でも掃除は面倒だし、弁当冷めるし、しょうがない今日だけ床で食べよ。今日だけ。あぁ、でも昨日も床だったなぁ。ほんとはイームズのイス置いてラウンジ風かカフェ風のマイルームにするはずだったのになぁ。おっ、でもこのコロッケなかなかイケる」

もし、みんなの中にこのようなハンパな気持ちで床喰いを仮の姿として実践している者がいたとしたなら残念なことだ。

床喰い。それはいうまでもなく、床での食事法のことだが、きちんと身につけておくと、どんな状況でも楽においしく食事ができる作法である。しかし一口に床喰いと言っても「持ち喰い」や「置き喰い」さらに座り方の流儀、敷きものの種類など様々な様式が存在し、マスターするにはそれなりの訓練が必要だ。さぁ、各流派を研究して、自分に一番あった俺（私）だけの床喰いをものにしよう！

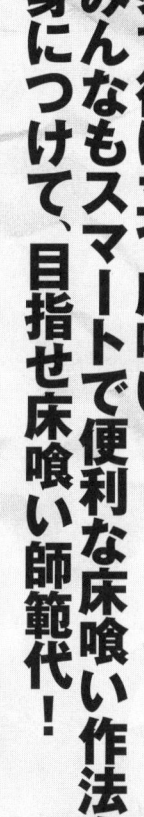

コンディションを整える

●まずは敷きもの選びから

床喰いするということは、ある程度のリスクを背負うことである。そのリスクとは、テレビのリモコンを取ろうとしたときに飲み物をひっくり返したり、キッチンに忘れ物を取りにいった帰りにしょうゆを蹴っ飛ばしたりということなのだが、そのような万が一の災害時に被害を最小限に押さえるための道具が敷きものだ。特にジュウタンやラグ、畳の人は取り返しのつかない事態になることもあるし、床喰いの周辺だけ、やけにシミが多いということになってしまうので慎重に選びたいところ。

さて、床喰いの敷きものとして、もっともポピュラーなものは新聞紙だ。最近は購読者数も減り、取っていない人も多いかもしれないが、大人数にも対応できるし、記事を読みながらというのも合理的。食事が終わったら折り目にトントンと細かいゴミを集めることもできる。後は畳んで捨てれば、めったなことではゴミが外に出ることはないだろう。

　次にレジ袋。これは弁当が入っていたものをそのまま使う方式でスピーディで後片付けが簡単なのだが、一袋では弁当以外の小物を置くスペースの確保が難しく、仮に、もう一袋用意して飲み物などを置いたとしても、水滴が引っ付いて上に上がってしまうという難点がある。

　そしてランチョンマット。見た目も美しく、スペースもあり、吸水性も抜群なので災害対策もバッチリだ。やはり専用のものは優れた点が多いので、本気で床喰いに取り組みたいと思う人は用意しよう。また、新聞紙の上にランチョンマットという合わせ技もある。

床喰い各流派

あぐら流

足親指でページを固定

安定感がある、もっともポピュラーな流派。自分の膝が肘掛けとなるので、肘を軸にして回転させるようにすると、余計な力を使わず食事することができる。読んでいるものが中綴じの前半か後半で、ページが安定せず、閉じてしまいそうなときでも楽に足の親指で押さえることができる。

ヤンキー流

口までの移動距離短縮

しゃがみポーズであるが、これは「あぐら流」よりも前傾する形になるので、食べ物を箸から口へ放つリリースポイントが、敷きもの上空となり、リスクが軽減されるというメリットがある。膝は肘掛けではなく、二の腕掛けとなるが、箸を持つほうに重心をかけると脱力できる。

●適したメニュー

　床喰いの醍醐味として雑誌などを読みながら食事を進めるというものがある。そういった場合にスムーズに進行できるメニューとなれば、オール・イン・ワンの弁当だ。特に容器を持って食べる「持ち喰い」時には、いちいち容器を持ち替える必要がないので威力を発揮してくれる。

　持ち喰いが苦手で、置いて食べるという人は、床から口までの距離が長いため、リスクが高くなる。そのような人は「サバ味噌煮弁当」など、汁気の多いものは避け、「唐揚げ弁当」などを選んだほうが無難だ。

ミックスフライ弁当。安心して床喰いできるメニュー。

●床喰いの友

　気持ちの良い床喰いとは、テレビをつけっぱなしにしておいて、何かを読み、テレビが何かおもしろいことを言ったら読書を中断してテレビを見るというスタイルである。この場合テ

ビーナス流

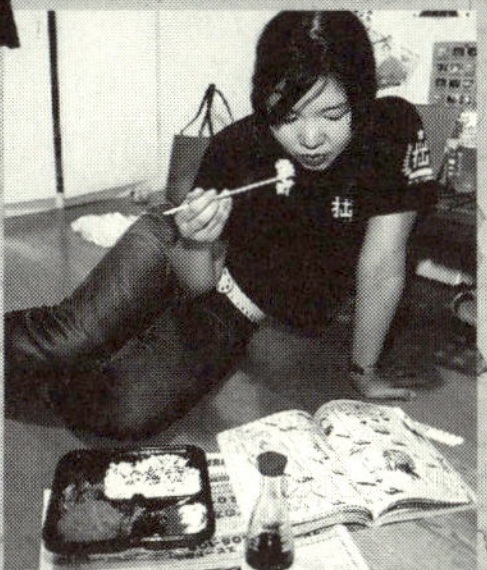

彼氏の部屋やお花見で

女の子にお薦めの流派。彼氏の部屋で床喰いするときに披露してアピールしてみよう。また、機能的にも優れていて、ちょうど雑誌の上に口がくるようなポーズになるため、もし、オカズを落としても災害は少なくてすむ。ただし、肘のカックンには気を付けよう。

忍者流

スピーディーな流派

片膝を立てる流派で「拙者喰い」とも呼ばれる（ちなみにモデルのガバちゃんはこの流派の黄帯で胸に「拙」の刺繍がある）。立てた片膝には本を置いたり、弁当を置いたり肘を掛けたりといろいろできるし、立てる膝も左右入れ替えられるので、ぜひマスターしておきたい。また、瞬時に動くことができるので、何かに追われている人や忙しい人にも。

ウェイトレス流

熱くてもてない器のときに

器を雑誌に乗せて食べる方法で別名「出前喰い」。ラーメンなど、器が熱く持ち喰いが困難で、しかも置き喰いだと災害が起こりやすい場合に有効な技だ。お盆代わりに使う雑誌は、ある程度の厚みがあるもので、表紙がコーティングされていない滑りにくいものを選ぼう。

スポーツ流

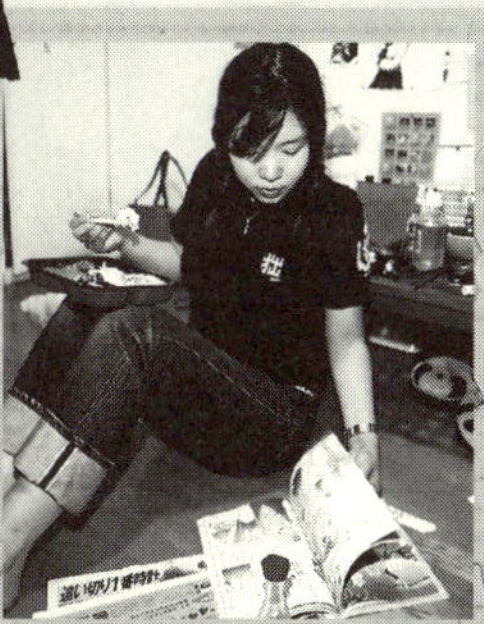

弁当の重量配分に注意

体操座りの流派で、膝の上に弁当を置くと、左手が空いてページめくりが容易になるのと、置き喰いでも弁当から口までの移動距離が短いというメリットがある。ただ、膝の上は不安定なので、重量配分に気を配りながら食べ進まないと、ひっくり返すことになるだろう。まずは空箱で練習。

週刊誌「持ち読み」の例。箸でページをめくってもよい。

レビ対文字の注意力は一対九ぐらいでよいので、テレビ番組の選択はさほど気にすることはないだろう。

　一方、文字のほうは床喰い同様「持ち読み」と「置き読み」が存在し、それぞれに適した読み物がある。どちらの場合も堅苦しくなく、汁災害などを想定して、基本的にどうなってもいいものが条件だが、持ち読みの場合は肘と手首の間に挟まるサイズの週刊誌を選び、空いた手のひらで弁当箱を持って、持ち喰いと併せる方法が有効だろう。

　置き読みは床から目までの距離があるので、文字が大きいマンガが適している。ページめくりも忙しいので、バランスのとりづらい持ち喰いよりは容易にことが進む。ハードカバーは重いし、床に置いても閉じてしまいがちなので選ばないように。

06

お題
▶たこ部屋国際交流

Octopus room

もりたこ
（フィーチャリング「クレクレタコラ」）
あぶらだこファン。酔うとゆでだこ。

進化する大阪名物・たこ焼き。たこ焼きで世界の人々とつながろう！転がるたこ焼きには苔が生えぬ。だったら、青のりを振ってやろう!!

今日も地球上では戦争が行なわれている。太古から人類は戦いを続けてきた。人はなぜ殺し合うのか。暴力は永遠に続くのだろうか？

先日、大阪に行ったのだが、あの地でいつも思うのは「なんと角が取れた！」ということだ。大都市なのに東京に較べて近郊出身者が多いのが大阪だ。共通認識が多いために「関空(かんくう)」という略語や「ぼちぼち」などのあいまいで角が取れた言語が飛び交うし、「みなまで言うな」的な笑いも成立するのだろう。

さて大阪を代表する食べ物は「たこ焼き」。江戸時代から天下の台所と呼ばれたほどの経済拠点であり、食いだおれの街の食への要求は厳しく、まずいものは淘汰される。そんな戦いを勝ち抜いたたこ焼きの勝因は、角がなくて丸いことと、皆で分け合うスタイルにある。そう、大阪の人が明るくてピースなのは、毎日丸いものを分け合ってきた歴史があるからなのだ。だが、たこ焼きも全国的にみると、間食と捉えられているようだ。大阪ではライスやうどんと併せた「たこ焼き定食」があるし、各家にたこ焼き器があって夕食として成立しているが、炭水化物同士というのに抵抗があるのだろう。そこで、たこ焼きを一食までもっていく技として「多国籍たこ焼き」を提案しよう。これだと一食計算できるし、世界の人々とつながる。さぁ、丸くおさめよう！　地球も丸い。

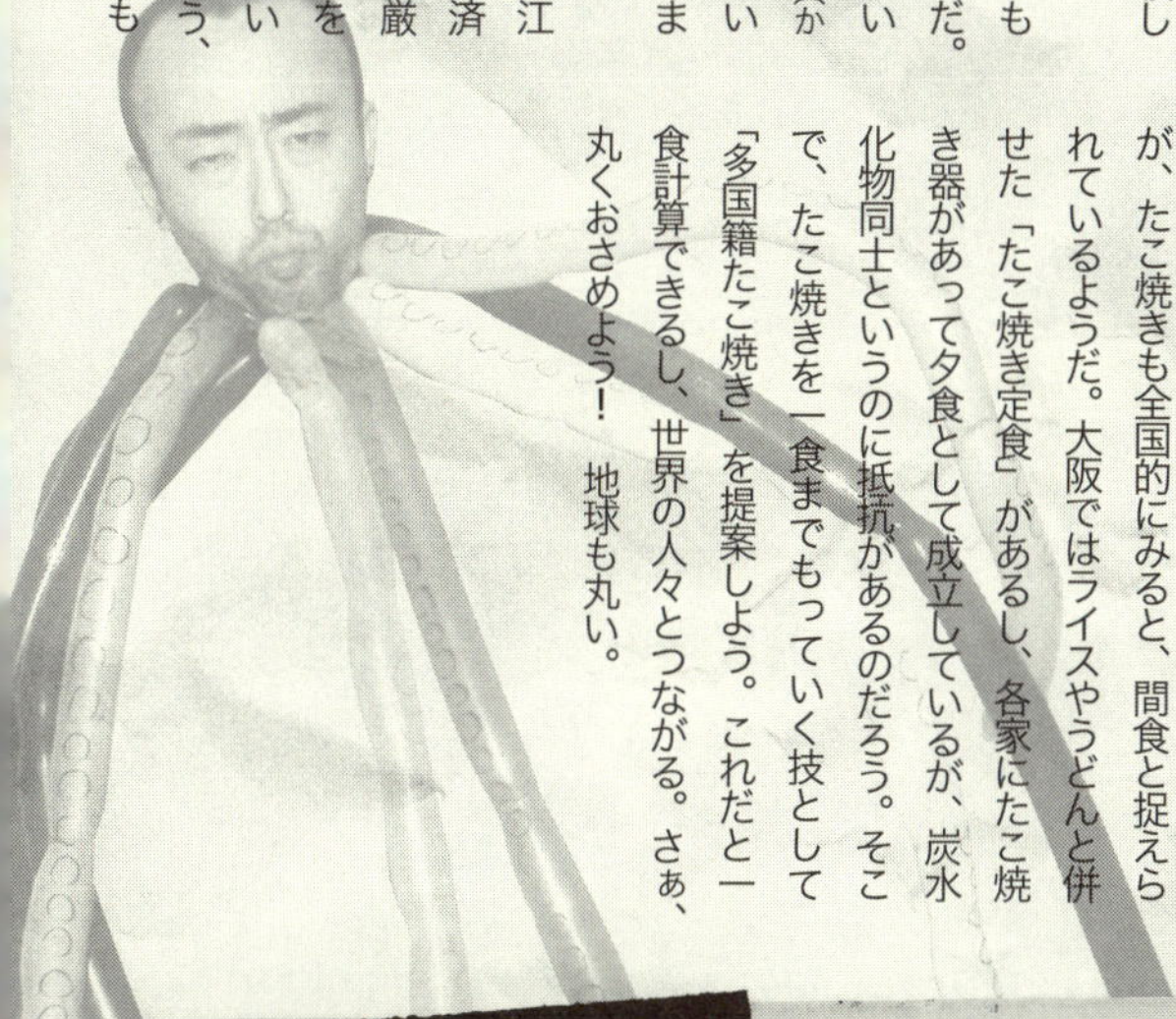

たこでん(おでん　日本)

地方出身者にも幅広く対応

関西ではおでんのことを「関東だき」(かんとだき)と呼ぶ。関西のたこ焼きが、国際交流レシピに選ばれたので、そのことに対して、「大阪ばっかりズルい」と嫉妬する人もいることだろう。世界平和のためのたこ焼きなのに、国内の調整ができてないと話にならないので、そのような意味でおでんの素にたこ焼きを入れて煮込んだのが、この「たこでん」である。このたこでんの優れている点は、幅広い対応力があることだ。「俺のたこ部屋には四国の奴も横浜の奴もいるんだけど……」という人もいることだろう。そんなときはうどんを足したり、シュウマイを入れて対応すればよい。心配しないように。味のほうも問題なし。だしに付けて食べる明石焼きという兄弟分もいるので、その延長にあると考えてよい。また、わざとたこ焼きをくずして、たこを見せながら食べると「たこ焼きを食べている自分」と「たこを喰っている自分」を分けて捉えることができる。これも、このたこでんのうまみといえよう。

たこ中（麻婆　中国）

不安な人も安心して

「たこ中」は丸美屋の「麻婆豆腐」の豆腐の代わりにたこ焼きを使った料理。豆腐よりもコストが掛かってしまうので、みんなの休日や、ちょっとした祝いの席、パーティーのときに分け合って食べよう。それでも「こんなに濃い味のものをライスなしで食べるなんて、もったいないし怖い」という人や「普段、丸美屋は丼にしているのでちょっと抵抗があります」という人もいるだろう。また、写真のように「爪楊枝の一本刺しだと、慣れた人はいいだろうけど、自分みたいな不慣れなもんはくるくる廻っちゃってたこ焼きを落っことしそうで不安、かといって二本刺しは贅沢だし……」という仲間もいるだろう。そんな人はライスを合わせても良いが、コイケヤの「ドンタコス」を買ってきて「ドンたこチュ」にしよう。ドンタコスなら尖っているので刺しでもいけるし、すくいでもいける。メキシコの友達も大喜びだ。ライスを合わせた人は「丼たこ中」で。

たこカレー（カレー　インド）

言うときは覚悟を決めて

インド人と同部屋の人はこれ。もし、その人がヒゲを生やしていたら、「マリオ・ブラザーズのマリオに似てるね」と言ってみよう。ただし仲良くなってから。たこ殴りにあう可能性があるからだ。また、一度そう見てしまうと、もうマリオにしか見えなくなってしまうので、気を付けて。カレーはもはや世界の共通食。幅広くいろいろな具材を受け入れてくれるので、平和料理としてはたこ焼きの先輩格にあたる。もちろん相性もバッチリなので、一からたこカレーを作っても良いし、買ってきたたこ焼きが冷めてしまったときや、2日目のカレーにひと味加えたいときにもお薦めの調理法だ。このメニューでも、たこを露出させるとシーフード・カレー気分になる。

キムたこ（キムチ　韓国）

いつかは明石だこで

キムチはもともと韓国料理ではあるが、もはや日本でもポピュラーな食材の一つ。そのキムチをたこ焼きと融合させたのが、この「キムたこ」。漬け物はもちろん、鍋や炒め物の味付けにも使える桃屋「キムチの素」をソースとして使うのだが、もともと、たことキムチの相性も良いので、まったく違和感なくおいしくいただける。もうひと手間掛けるなら、中に入れるたこもキムチ味にしたり、白菜とニラ、たこをキムチで炒めた「たこキムチ」を具として入れるのも良い。もしも、大阪在住の人で、夏に海水浴で須磨（スマ）海岸に行くことがあれば、もう少し足をのばし、明石のたこを買ってきて本格的に試すのも良いだろう。もちろん須磨にお住まいの方（スマスマ）にもお薦め。

引っパリだこ（クレープ　フランス）

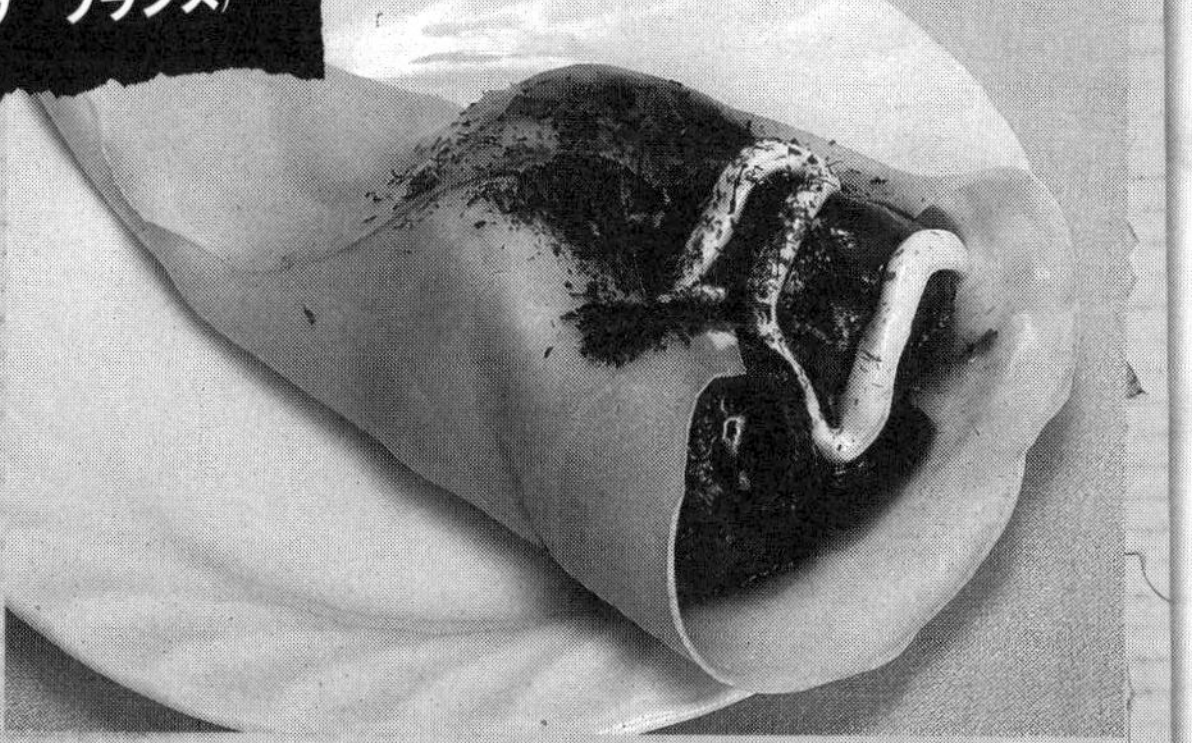

最終的には青のり吹雪も!

「パンがなければケーキをお食べ」とマリー・アントワネットは言ったという。また「貴族が平民に謝れというの？　馬鹿馬鹿しい。文句があったらベルサイユへいらっしゃい。ベルサイユへ」とも言ったという。嫌な女だとは思うが、憎まれ口としては、なかなかトンチとパンチの効いたセリフだとも言えるだろう。フランス料理というのはソースが決め手とのことだが、ならば、たこ焼きソースとマヨネーズの連合軍で勝負しよう。いや、喧嘩してもしょうがないので、クレープの皮でまとめて「大阪・フランス平和条約」を持ちかけてみよう。もし受け入れないのなら、我らが、ナニワ・オクトパス・アーミーが誇る「たこ焼き爆弾」で勝負だ!　パリにたこ焼きの雨を降らし、エッフェル塔に刺してやろう!　道路もたこ焼きソースでニチニチするし、ちょっと乾いた道路をスニーカーで歩いたときにするバリバリ音とソールを持ってかれるような不快感で、きっと降参するはずだ。

たこタン（グラタン　イタリア）

レンタルビデオで迷いがちな人へ

冷めたたこ焼きは寂しい。諸君はたこ焼きが冷めてしまったとき、どうしているだろうか？　すぐに思いつくのはレンジでチンして、「たこチン」にということだろう。だが、たこはチンすると硬くなってしまうのだ。たこ焼きを温めなおすにはオーブンで加熱するか、フライパンで転がすほうが適している。そして、オーブン過熱時に試してほしいのが、この「たこタン」だ。とろけるチーズをたこ焼きにのせるだけなのだが、復活したたこ焼きと、とろけたチーズのハーモニーは絶妙だ。アツアツのたこ焼きを買ったのにレンタルビデオ屋に寄りたくなったときや、駅から家に帰る途中に、まずたこ焼き屋があって、次にビデオ屋があるという人にも試していただきたい。

07

お題
▶ヤマザキズム

Working class hero

労働者の味方ヤマザキ・パンクス!!

ヒロヒロシ
「俺、ヤマザキ会。いまは原チャすけど、いつかはセルシオのフルエアロでヤマザキ喰いたいっす」

幅広い層に支持されるヤマザキ。その中でも我々側に位置するパンを見極めることが重要だ。菓子パン、洋菓子、連ものを徹底検証！

〝パン食〟。この言葉の原体験を辿ると、若いパパやママを持つ坊ちゃんのブレックファーストというイメージにならないだろうか。パン食＝西洋の食文化を取り入れたモダン家族。昔なら、このような図式が成り立った。しかし、戦後の経済成長で、国民が中流意識を持つと、アンパンぐらいでは、誰もモダンだとは思わなくなった。むしろ、今の時代にアンパンだと「単純な腹の減り方してるんだな」や「刑事の張り込みじゃあるまいし」などと言われかねない。

そう、日本もパン食の歴史を重ねて高級品が登場し、階層が生まれたのだ。それは、アンパンに付加価値を付けた「小倉デニッシュ」が誕生したことや、クリームパンの派生種カスタード＆生クリーム入りのダブルクリームパンなどの登場を指すのだが、問題なのは、ほとんどのメーカーが〝下〟を切り捨てたことだ。

しかし、ヤマザキ（山崎製パン）は、他が高級化を図り安価なパンを切り捨てる中、高級パンを開発しながらも下層パンを残し、しかも開発もするというメーカーなのだ。

たとえば、下写真のビッグコロッケパンと大きなコロッケパンのように。

また、ヤマザキは、その製パン工場がある地元の若者から

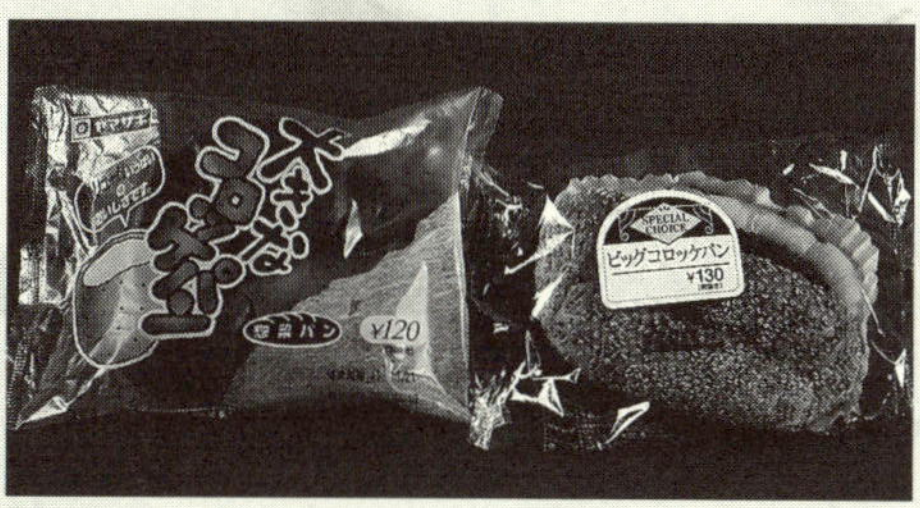

ミニスナックゴールド

40年超えのロングセラー

ヤマザキを代表する菓子パン。それがミニスナックゴールドだ。誕生から40年以上経た現在でも、巨大な渦巻き状のデニッシュに砂糖をトッピングした存在感のあるルックスは、パンの陳列棚で異彩を放ち、強い訴求力を持っている。初めは、何故このネーミング?と思っていたが、こんなに大きいのに自分のことを「ミニ」という謙虚な姿勢と、菓子パン界の金メダル級ヒットを願って命名されたという背景を知ると、100パーではないが納得することができた。これからも愛され続けるであろう名品である。

〝山パン〟と呼ばれ、多くのフリーターの受け入れ先になっている。比較的高めの時給につられて、多くの若者が働きに行くようだが、根性のない者は「ベルトコンベアで八時間、アンパンの上にゴマをふり続けた」「ケーキにイチゴをのせ続けた」「パン生地をひねり続けた」「パートのオバさんにキレられた」「ブラジル人に流暢な茨城弁で罵倒された」など、人生はミニスナックゴールドほど甘くないということを教えられてショックを受け、一日で逃げ出すこともあるようだ。

このように、食と職という二つの〝ショク〟、さらにショックも加えてワーキングクラスと大きな関わりを持つヤマザキ。いま一度検証してみようじゃないか。

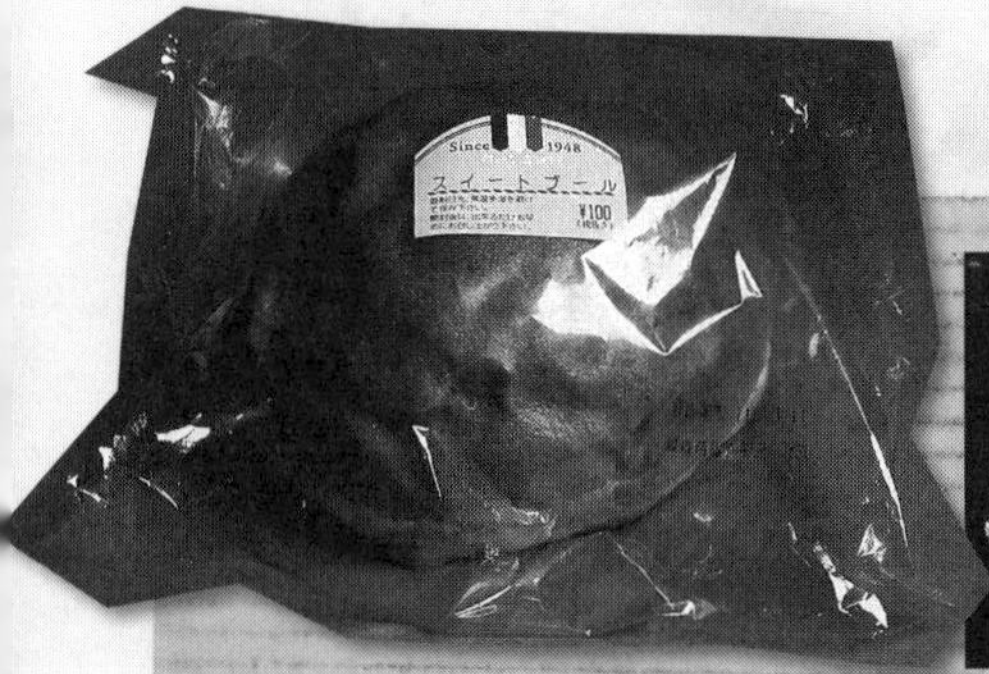

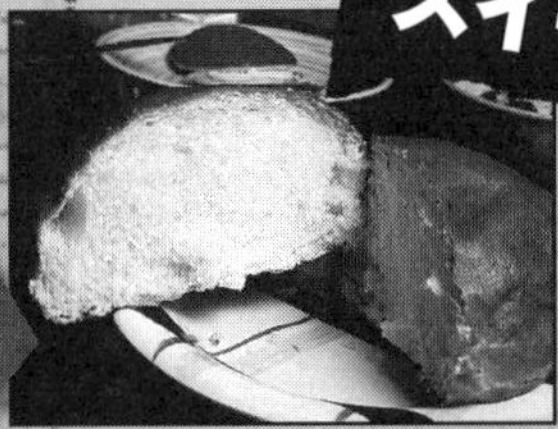

スイートブール

中級以上の技が求められる

巨大なドーム型のパンでミニスナックゴールド同様、陳列棚で独特の存在感があり、のんびりとパンを選ぼうと思っている者の度肝を抜き、目と心を奪う。ただし、断面の写真を見てもわかるが、味付けされている部分は表面の3ミリぐらいなので、残りの約90パーセントは、いわば素パン。したがって食べ方としては10パーセントのオカズで90パーセントのライスを食べるぐらいの心構えが要求される。自信がある人はチャレンジするのもよいだろう。

スイスロール

菓子パン位置づけで

ジャンルとしては、菓子パンではなく洋菓子に分類されるスイスロール。本来は菓子パンの価格帯よりやや高めだが、なぜかダンピングされることが多い商品なので、菓子パンの位置づけで食べる人が多い。スイスを思いながら食べる人や、スイスを感じながら食べる人は皆無だと思われ、また、スイス部分がチリでもルーマニアでも関係なく食べるだろうから、もはや誰に向けての「スイス」というネーミングなのか見えにくくなっているが、そんなことは関係なく、愛され続けるであろうロールだ。本来はナイフで切って食べるが、菓子パンの位置づけで食べる場合は恵方巻きのように、スイスの方角を向いてかぶりつくのが望ましい（P32モデル写真参照）。

大きなメンチカツ丼

素材としてのヤマザキ

「大きなメンチカツは大きくていいんですけど、もっとお腹いっぱいになりたい」という人もいることだろう。そこで、素材としてのヤマザキを検証してみよう。写真はカツ丼の具として、大きなメンチカツを使ったものだが、衣が少し厚い点以外は充分に実戦で使えるものである。本来のカツ丼の衣もパン粉なので、構造、素材的にもノープロブレム。

ホットカレーパンサンド

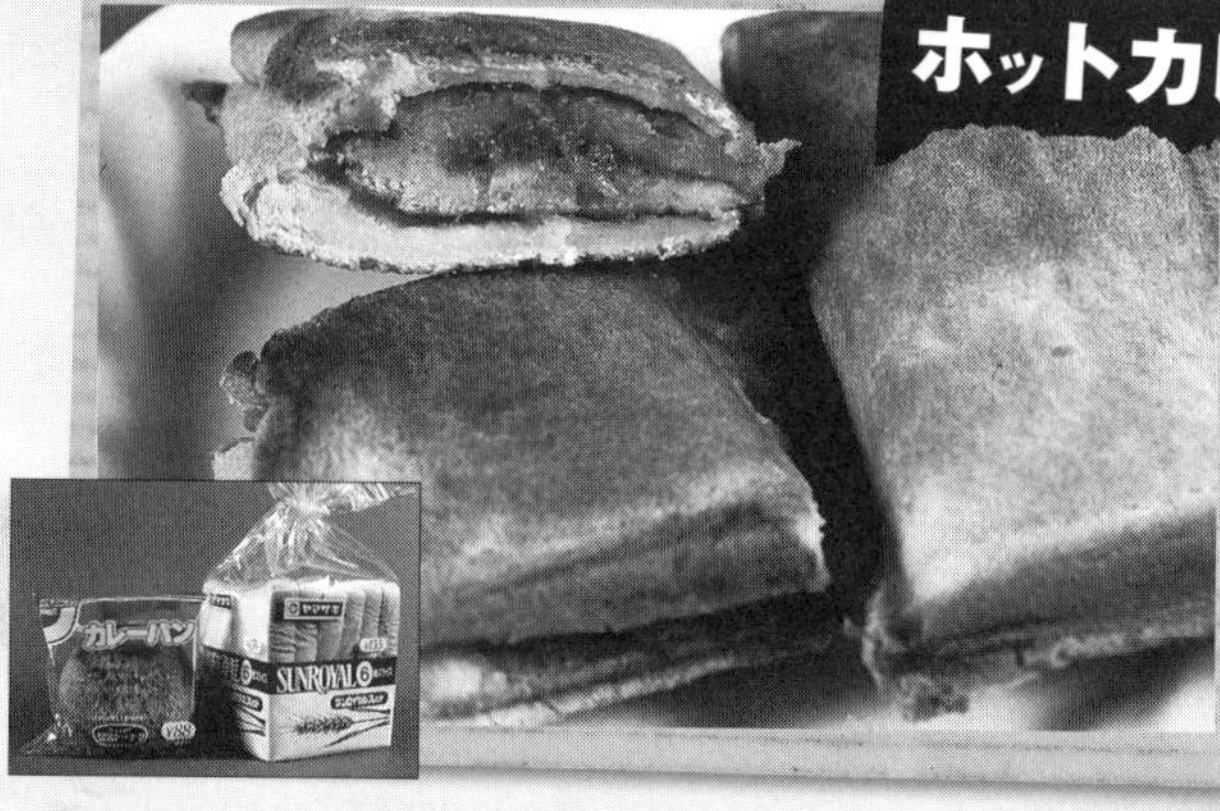

パン増量&香ばしさアップ

カレーパンを具にして、食パン（サンロイヤルブレッド）でホットサンドを作るメニュー。味の濃いカレーなので、充分に食パンもフォローでき、しかも、温かくなって、香ばしさも増す調理法だ。カレーパンと食パンの間にキャベツの千切りなどを入れると、一層おいしくいただける。

ヤマザキ連もの

薄皮ミニパンシリーズ

小さいけど持ってみると意外と重量感があり「これなら」と思わせてくる、それが薄皮ミニパンシリーズだ。つぶあんがメイン扱いされているが、クリーム、チョコ、ピーナツ、白あんの五味がある。薄皮の食感や、裏面の方のしっとりひんやりとした部分もなぜか心地よい。

スナックスティック

これも定番の連もの。初めは見るからにプレーンなルックスに「飽きるのでは」と不安になるが、ほんのりとした甘みは単体でも充分の実力がある。ただ、けっこうパサパサ感があり、2本ぐらい食べると口の水分を持っていかれるので、牛乳などがあるとベターだ。

08 お題▶百均キング

The
100 club

萩本均一くん
特技は均ちゃんパシリ。好きな芸能人は愛川欽也（キンキン）。癖は人の部屋や持ち物の中で百均ものを見つけること。口癖は「これ百均け？」。

米をもっとも効率よく摂取する方法、それがカラード・ライスだ。100円ショップでタネを購入し、新米を堪能しよう!!(※一日一膳まで)

秋といえば、食欲の秋。新米自炊者の諸君も秋になったらおいしいものを食べたくなるだろう。しかし新米の分際で「旬だから」という理由だけで、別に良いこともしてないのにオカズを買うと痛い目にあう。そこで、ここでは初心に戻る意味も込めてライスを捉え直してみよう。秋は新米の季節。新米ぐらいだったら新米が食べてもバチはあたるまい。ただし当然、古米よりも高額になるので、①オカズの予算を削る②濃い味のオカズでライス量を稼ぐ、という必要がでてくる。この点を覚悟の上、新米に挑んでいただきたい。この二点を満たすメニューとしてカラード・ライス(色つきご飯)が挙げられる。ふりかけや炊き込みなど、ライスに直接味付けする手法で均等に味がいきわたり着地時のライス残りが起きにくい調理法だ。

入手場所としては百均(百円均一ショップ)が良いだろう。百均も出てきたころは「え〜、これも百円!?」と感嘆の声がいちいち呟かれていたが、いまやすっかり定着して、冷静さをもって品定めができるようになったと思われる。そんな百均には普通に買えば二百円前後のレトルトやふりかけなど、カラード・ライスに適した食材が揃っている。また、ほぼ商品は百円なので予算の管理もしやすいだろう(ただし、たまに二百円の商品が置いてあり、レジで気付いたとしても、「百円だから手に取ったのに! じゃあ結構」とは言いにくいので、罠には注意。また百円で安いと思ったらスーパーでは百円以下だったということもあるので気をつけよう)。

さて、まだ新米の分際で新米を食べることに躊躇している人のために提案をしよう。一日の内で何か一つ善いことをして、それが達成できたら、一膳食べるとする。そう、新米から大人へのステップとして、一日一善で一膳だ。

今日は割り箸を洗って使うので「なめたけ」

味移りしてなければGO

「塗り箸が片方なくなってから、貯めておいたコンビニの割り箸を使ってきたけど、だんだんなくなってきたなぁ。まだまだあると思ってたのに、袋だけがいっぱい残ってて錯覚してた。爪楊枝はいっぱいあるのに。ところで昨日は何食べたっけ。そうだフライものだ。だったら汁ものと違って割り箸に味が染みてないから、まだ、使えるかな。ソースが付いてないとよいが。濡れた割り箸はちょっと気が引けるけど、エコロジーだし、森林保護に一役かうかも。これって一善かな」。エコロジーに目覚めたら秋の味覚キノコ。100円ショップでなめ茸を買って、キノコ御飯。でも、なめ茸後の割り箸は入念な洗浄が必要。

親友のトルエン吸引を注意したので「岩のり」

味の濃さでは負けるけど

親友「言うたんカス、こら、ボケ、いま、しばくぞ、出てこい」

自分「お前、それを言うなら、こら、いまカス言うた奴出てこい。しばくぞボケと違うか？　お前ちょっとトルエンやり過ぎやろ。歯ぁ溶けてまうぞ。3000円も持ってたんか。メシ喰ったほうが腹いっぱいになるで」

親友の歯が溶けてしまうのは辛い。自分の歯だともっと辛い。親友の発言をいちいち訳すのも辛い。自分が何を言っているのかわからないのは、もっと辛い。先の会話のように、親友のトルエンを注意することができたら、堂々と食事をすることができるだろう。自分もトルエンを我慢して、なおかつ親友にも注意ができた場合は、もっと威張って食事をしてもよいだろう。岩のりはトルエンよりもずっと安く手に入れることができ、おまけに歯の溶ける確率も低い。さらにトルエンと違って、ライスにも良く合うので、おいしくいただける。味の濃さでは負けるかもしれないが、その分、値段は安いので、採算はとれるだろう。ライスの上にのせるのがポピュラーだが、混ぜ込んでもよい。さぁ、純とろを銀シャリに。アンパンを食パンに！　岩のりの空きビンにトルエンを入れて取っておくのも禁止！

お年寄りに席を譲ったので「さけふりかけ」

プレッシャーを快楽に変換

長距離の通学や通勤の電車で運良く座ることができると、とても幸せな気分になる。電車が混んでいるほど、それは実感できるだろう。ゆっくり携帯をいじることもできるし、マンガも読める。自由を感じる瞬間だ。しかし、そこにお年寄りが登場すると、事態は一変する。あるものは狸寝入りを決め込み、あるものは読書に熱中している振りをする。これが、お年寄りではなく、わずかな隙間でも強引に尻をいれてくるオバハン（余談だが、これをすると、肩が背もたれにつかない場合が多く、一人だけ浮いているように見える）なら、駅が近づいたら降りるふりをして実際は降りないというフェイントをかまし、おちょくることもできるが、そうもいかない。今まで見た中で一番凄い席の譲りかたは、スーパーひたちの特急自由席で、上野駅始発で、並んで確保した席にも関わらず出発前にお年寄りに譲った男だ。決断も早く、その譲りっぷりはあっぱれだった。もう一つは、聞いた話だが、お年寄りが乗ってきたときに不良のお兄さんが隣に座っていた見知らぬ男に向かって「お前が譲れ」と脅し、席を作ったという話だ。自分は座ったまま。これもなかなかできることではない。こんなのを知ると、狸寝入りを決めこむよりも、譲るほうがプレイとして気持ちいいのではないかと思えてくる。座ったままで感じるプレッシャーよりも気分がよく、楽だ。そう捉えることができたら、あとは快楽原則に従うだけだ。こうして譲った日は、堂々と食事をしよう。さけふりかけは均等にふりかけよう。

盗んだ自転車を元に戻したので「中華ミックス」

大人の階段を上ろう

「あ〜酔っぱらった。家まで歩いて帰んの面倒くさいなぁ。タクシー乗りたいなぁ。せめてチャリがあったらなぁ。おっ、こんなところにチャリが。もしかして、動いちゃったりして。（カチャカチャ）ヤッベ、動いちゃったよ、ラッキー」。明くる朝「ヤッベ、チャリ盗んだ夢見たと思ったら、ほんとに盗んでた。正夢ってやつかな。夢ではゲーセンの前に捨ててきたんだけど、でも、なんか俺ももう大人だし、鍵も壊れてないから、戻そっかな」

人の気持ちがわかる大人に近づいたら、ちょっとゴージャスに具だくさんの中華ミックス。ヤングコーンやきくらげが大人素材。炊き込みや中華丼で。

今週はスピリッツを立ち読みですませたので「ドリア」

来週は買うし、単行本も買います

「コンビニ寄ってこ。今日はスピリッツか。ウシジマくんあるかな。あったあった。ん？　横の奴、なんでアイス持ったまま立ち読みしてるんだ？　読みづらいし、溶けるだろ。何読んでるんだ？　あぁジャンプか」

マンガを立ち読みすることは、ある意味労働で、賃金は本の値段だといえる。自分にとっては一善計算だ。「来週は買うし、単行本も買います」と誓って、コンビニを出たら、百均に行ってドリア。トースターで作るが、大盛りにすると入らないので注意。

Caution!　百均の落とし穴

●内容量　11.5g（2.3g×5袋）
●賞味期限

内容量	38g
賞味期限	枠外左上部に記載

均一でも油断は禁物

商品が全て100円均一で安心して買い物ができる百均。だが、そんな百均にも落とし穴がある。写真を見てほしい。永谷園「塩鮭さまさま」マルアイ「さけふりかけ」。どちらも同じコーナーにあるが、二つ並んでいると「永谷園だし、CMで見たことある」という理由で「さまさま」を選ぶのが人情だろう。しかし、落ち着いて内容量に目を向けてほしい。「さまさま」が11.5グラムで「さけふりかけ」が38グラム。3倍以上の差だ。「さまさま」の100円の中には広告費や5つの小袋パッケージ代などが含まれているのだ。もちろん味や素材の違いもあるだろうが、「さけふりかけ」はネーミングにもコピーライターの存在を感じさせず、小袋で小分けもされていない。その分が中身の量に反映されているのだろう。この飾らない姿勢に正直さを感じないだろうか。

09

お題
▶おふくろちゃん

Mom's gift

おふくろ便改造計画

まーくん
上京1年目の美容師見習い。
ひとり暮らし初心者（19歳）。

強い物だと二週間の容量を誇るおふくろ便。遠隔操作を面倒がらずにこつこつと改良を重ねるのが、最強おふくろ便への近道だ!!

憧れのひとり暮らし。期待に胸が膨らむ新生活、新しい学校、新しい景色……。貧乏一年生の諸君、とりあえずおめでとう。二年生以上の人もこんにちは！　貧乏八年生の人も恥ずかしがらずに！　卒業生の人は読むだけ読んでって。

さて、一年生。諸君はこれから始まる新生活を存分に楽しむことだろう。オシャレして街に出かけるのもよし、映画を観まくるのもよし、バイクでツーリングに行くのもよいだろう。ただし、浮かれ気分もほどほどにしないと、調子に乗ってお金を使っていると「うわっ、あと千円で一週間！」ということも起こりかねない。

そう、そんな非常事態に大変助かるのが実家からの贈り物「おふくろ便」だ。この段ボール製の宝箱には米をはじめ、自分の好物や普段はちょっと高くて手が出ないと思っている食料が詰め込まれていて、届くと、寂しかった食卓に花が咲き、春が訪れたように賑やかになる。

ただし「おふくろちゃんだって初心者だ」ということを頭に入れてほしい。電話で何が欲しいか尋ねられ、面倒だからと「何でもいい」「適当に」などと答えると大変なことになってしまう。うまくコントロールし、充実した中身にすれば二週間ぐらいもつものが、適当に詰め合わせたいい加減なものだと三日で終わったり、嫌いなものを食べることになってしまうのだ。

ここではそんなおふくろ便の性能アップを目標に実例を挙げて解説した。さぁ、最強のおふくろ便をめざせ！

便が届くまでに

まずは冷蔵庫などに余っている食材の整理である。冷蔵スペースの確保という意味もあるが、便が届き、高い食材や好物などが入っていると、現在、在庫している食材に一切興味がなくなり、結局、無駄にしてしまうということも起こりうるからである。便が何日か後に届く場合は、逆算して整理しておこう。また、現時点で部屋に食べられるものがない場合で、便までのつなぎ食品を購入するときは、到着までに食べきれる量にして、スムーズに便につなげたい。

まーくん、ちゃんと食べてるかしら

まーくんのおふくろちゃん

できる便の条件

　できる便とは、充実した「おふくろ便」のことだが、充実のベクトルは受け手の環境や生活レベル、好き嫌いなどで異なってくる。しかし、いずれにしても、できる便とは受け手と送り手の連絡＆確認、そして検証という共同作業で作り上げていくものであるということは、常に意識しておかなければならない。

　ここでは最低でも押さえておきたい基本的なポイントを写真のモデルケースを紹介しつつ検証してみたい。写真下はできる便の断面図。縦横が二三×三〇センチで高さ二五センチのブルボン「味ごのみ」段ボール箱を使用。この大きさで米三キロとオカズが三〇食以上。それにフルーツとお菓子付きである。隙間なくレイアウトされた便は見た目も美しい。

●米をベースにする

　米を底に置くと、それが土台となるので安定感があり、完成図も見えやすくなるし、受け手も献立の設計が容易になる。また、米がどっしりとすべての物資の土台になっているビジュアルは、思った以上に農耕民族である我々の心に響き、安心感（ベーシックな部分で生活を保証されたことによる）を与えてくれることも期待できる。都会暮らしで忘れがちな魂を再確認する上でも重要なポイントだ。

米のうえに隙間を作らぬように食材を埋めていく。

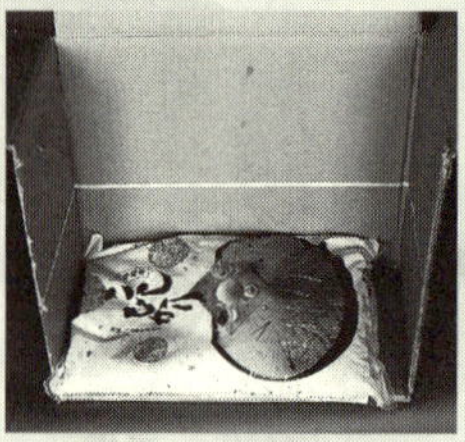
まずは米でベースを固める。

普段の生活には縁のない高級食材。

あらゆる調理法に対応するベーシック食材。

●即戦力

　調理不要のもの（写真ではタッパー入り肉じゃがが相当）。便の到着までに空腹状態になり、とりあえず何か食べたいというときに有効。

●高めの食品

　普段は高くて手が出ないもの、もしくは同じ種類でも安価なものに甘んじている食材。同じウインナーでもウイニーやパルキーに対してシャウエッセンなどがあるように、グレードの上下差があるもので、ボンレスハムやカマンベール入りチーズなどが挙げられる。ただし「好きでマルシンハンバーグなのに」という場合はこの限りではない。

●隙間を有効に

　どんな便でも隙間はできる。そんなときに隙間商品（お茶漬け、チョコのポルテが相当）を入れると便の性能がアップ。

●瓶もの

　ここではなめ茸が相当。他に「ごはんですよ」などもある。食事のオカズが一品増えるばかりか、それだけでも一食として使えるもの。

●レトルトもの

　カレーなどが相当し、同じ便で送られた米

と併せると箱の中だけでも一食として成立するもの。

●フタもの

五目釜飯が相当。箱の一番上の最後のスペースも食べ物で埋めたほうが着地が決まる。このスペースに平たくフタになるようなものを。

●ツナ缶

ホテイのツナカルが相当。受け手の創造力でメニューのバリエーションが広がるもの。与えられるものだけでは頭の柔軟性が鈍る。

●適量のフルーツ

グレープフルーツなどは余裕がないと買うという発想ができないものなので、適量ならば有効。ただし、それは他に食事として機能するものが送られていることが前提なので、みかん一箱だけ送られても困る。

●適量の野菜

じゃがいもなど、調理の幅があるものが望ましい。

ダメ便あれこれ

ダメ便は送り手と受け手の認識の違いから生み出される。おふくろちゃんの気持ちはできる便と同じなのだが、その方向性が良くないのだ。そして、そのズレを修正するには己の好みと都市生活を知ってもらうことだ。

　とにかくダメ便をなくすには、よく連絡をとること。そして便が届いた後に必ず改善点を報告し、次の便に活かすことである。

　そして、嫌いなものは嫌いと言える勇気を持つこと。アスパラガスが嫌いなのにせっかく送ってくれたからと遠慮して言わずにいたら、毎回送ってくるようになったという事例も報告されている。ここからは実際に送られた例を紹介しつつダメ便の改良を目指したい。写真右下はダメ便の断面図。縦横が二〇×三七センチの「三ツ矢サイダー」段ボールを使用。できる便よりも箱の容量が大きいにも関わらず、米はなく、オカズは六食分というスペック。ティッシュ、メリットのように食べられないものもあり、しいたけのように即戦力にならないものもある。また、みかん缶、みかん、グレープフルーツもかぶり過ぎである。新聞を隙間材として使用するのもスペース&運賃の無駄。

メリット

「オシャレなひとり暮らしがしたい。シャンプーはボディショップのか、最低でもモッズヘア」なんて思っている人もいるだろう。しかし、おふくろちゃんはそんなこちらの思惑など露知らずメリットを送ってくる。デメリットとはいわないし、あれば使うだろうが、田舎の生活を逆輸入されている気がする。どうせなら食材を送ってほしいものだ。

冷凍とん汁(自家製　タッパー入り)

クール便ではなく普通便で「到着する頃には溶けだして温めればオッケーでしょ」という、楽天的なおふくろちゃんのメッセージが読み取れるが、水分が多く場所を取るわりにはご飯一膳計算。手作りの気持ちは嬉しいが、すぐに受け取れなかった場合や、こぼれた場合などリスクも高い。送られたのは無精な女子なので、気を使ったのだろうが、とん汁くらい自分で作ったほうが娘のためにもなるので、次はインスタントにしてお湯を沸かすところから始めたい。

ネスカフェの瓶入り○○

「おや、コーヒーが入っているぞ」と思って開けてみるとギッシリとしいたけの千切りが入っていた。しかも小っさいネスカフェじゃなくて、大っきいネスカフェ瓶。調理するにもちょっと考え込んでしまう品物である。千切りにして気を使ってくれているのはわかるが、その前になぜ、しいたけを大量に送る気になったのか、その背景を質問してみたくなってしまう。

ポテチ

好物だからって送ればよいものとは限らない。ポテチの空気具合を考えると半分は空気を送っているようなもの。エアクッションという考えもなくはないが、そんなに気を使うものが入っているとも思えない。

この場合、実家時代の好物を思いだして送ってくれているので現在の自分との擦り合わせが必要だ。

焼いたサバ(真空パック)

同じ便で大根とイカの煮付けも同様に送られてきたそうだ。おそらくおふくろちゃんは真空パックをテレビ通販かなにかで知り「これは便利」と購入、何でもかんでも真空にしていると思われる。息子の無精さを配慮して、焼いて更に真空パックなのだろうが「真空だから大丈夫」と過信する傾向もある。逆に注意が必要だ。

みかん缶(大きいやつ)

そんなに好きじゃないのに、そのことが言い出せなくて、何年間も定番として送り続けられているという、ちょっと切ない例（しかもビッグサイズ）。仮に調理するにしてもフルーツポンチしか思いつかず、当然そんな面倒なことはしないので、結局、単体で食べているそうだ。せめてカットトマトぐらいに代えたいものだ。

箱ティッシュ

おそらく予想していたよりも、便の箱が大きくて、かなりの空きスペースができ、詰め物として入れたのであろうが、箱ティッシュ相当の空きスペースだったら何か食べ物を入れてほしいというもの。あれば使うので、「まぁ、いいか」となってしまいがちだが、買うのと同じぐらいの運賃がかかっていそう。

すいか2個(誕生日に)

実際にあったおふくろ便だが、おふくろ便というより、作品?表現?　と思わせるほどシュールなおふくろ便だ。誕生日に中身を知らされずに送られたもので、到着時は「ワオッ、重い、ラッキー！」と思ったが、開けたらすいかで、しかも2個。夏に生まれたので季節のものとして、すいかなのだろうが、2個がわからない。用意した箱が大きかったのだろうか……。驚かせるのが目的なら納得できるが、おそらく、おふくろちゃんの思いつきが、会議で人の意見が入ることなく暴走し到着にいたった例だろう。

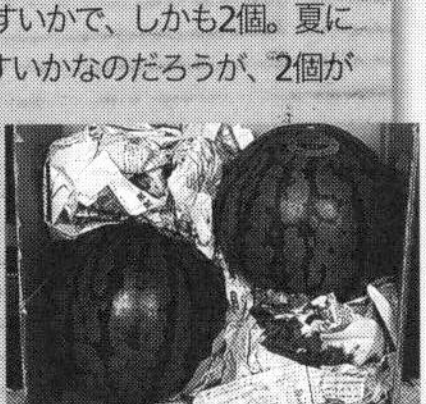

3000円(ビニール入り)

ぜんぜんダメ便ではないが、スーパーでクルクル回して取る半透明のビニール袋に入れられた3000円というのが、あまりにもいい感じというかわかる気がする。おそらく財布から適当に出して便の隙間に入れたのだろう。

万能調味料貧乏ッタレを作ろう!

大門くん
タレサン（タレ目サングラス）着用で身体も大きく強そうだが、性格はヘタレ&しみったれ

普段は黒子役に徹し、主役を引き立たせる存在、それがたれ。甘ったれ、あかんたれ、カキタレども今こそたれの偉大さを思い知れ!!

たれの育成という概念をお持ちだろうか?ひとり暮らし女性の部屋を訪れたときのこと。キッチンで大きなレジ袋の壷のようなものを発見した。流し台に持ち手を引っかけ、無数のレジ袋を詰め込んでいる。その丸々と肥えた袋壷に心を奪われたので質問した。「何年ものですか?」。女性は「ちょっとわからないですねぇ。注ぎ足し注ぎ足しやってるんで」と老舗うなぎ屋が秘伝のたれを説明するように答えた。袋壷愛好家は多く流儀や壷はさまざまだが入荷すれば昆布のように結んで注ぎ足し常に一定の量を保つ。小さい袋はアクになるので入れず、底から返すことはないので壷底は年代物が多い。彼らが火事のとき、うなぎ屋のたれ壷のように袋壷を抱えて逃げるかどうかは不明だが、一定の愛情をもって育てているのは事実だ。彼らなら食べ物のたれもうまく作るだろう。

たれ。それは我々にとって欠かせぬものだ。幼少時、水炊きの土鍋から湯気が出たころになって味ポンが残り一センチなのを発見したときの不安感は忘れられないし、ほか弁を食べようとした友人が袋から弁当を出した瞬間「醤油がねぇじゃんっ」と絶叫し、それ以来その友人の物まねは「醤油がねぇじゃんっ」で定着した。人物のアイコンを上書きするほどの出来事だったのだ。本人の慌てぶりは凄かったが、周りも「なんだ、あの弁当屋は!」「ふざけんな」という反応だった。料理の主役はたれをかけられるほうだろう。しかし、ときとして主役の存在を脅かすパワーを発揮するのがたれなのだ。ここでは、そんなたれたちを紹介する。ただし挙げたのは例なので、これを寝かせるのもいいし、実験的調合も楽しい。ただ、切らすことはないよう気をつけよう。

いわしたれ
(いわし×トマト)

イライラしたらカルシウム

なんだかイライラしたりむしゃくしゃするときは体内のカルシウムが不足していると考え、イワシの缶詰とトマトの缶詰で、いわしたれを作ろう。いわしたれは作るのも簡単で、内臓も身も赤いトマトと一緒に混ぜるだけ。混ぜる道具は包丁やナイフ、フォークなど自分の使い慣れたものを使うのがよい。今回はパスタだが、ライスやパンにも合わせられる万能なたれだ。

うこんたれ（うこん×醤油）

つらい二日酔い防止に

うこんは生姜の仲間で英語でターメリックといい、カレーの香辛料としてよく使われている。また肝臓に働きかけるといわれているので、飲酒の前後に摂ると効果があるようだ。そこで豚の生姜焼きを作るときに生姜の代わりとして、うこんを使うのが、うこんたれだ。醤油、うこん、そしてあれば少量の日本酒に豚肉を浸して焼くだけ。豚肉の生臭さを消してくれる働きももっている。

余ったれ（余だれ）

残り汁を上手く使って

コンビニおでんのだし汁の量が客の裁量に委ねられている点に着目した一品。残ったおでんのだしを使ってうどんにする手法で、現在はほとんどのコンビニが裁量制をとっているため容易に実現可能だ。だしのうどんなので、味としても関西地区や四国地区の人には嬉しい仕上がりとなる。

ケチったれ（ワンタンメン×ケチャップ）

歓迎してない友達が家に来たら

エースコックのワンタンメンにカットトマトの缶詰を入れて仕上げたトマトワンタンメンは、さっぱりとしておいしい一品だが、あまり歓迎していない友達がきた場合には、トマト缶詰の代用品として、ケチャップで色づけして出そう。どうせ味なんかわからないのだから色さえ合わせておけば大丈夫なはずだ。

牡蠣たれ
（オイスターソース×にんにく）

いつでもどこでも気軽で便利

オイスターソースと生おろしにんにくを混ぜた牡蠣たれは肉料理によく合うたれだ。とにかく肉が食べたいという肉欲が押さえきれなくなったら使おう。また、麺類にもなじみやすいのでうどんやビーフンなどにもお薦めだ。大きなものも売っているが、コンパクトなものを買うと飽きても捨てやすいので、より便利に使えるだろう。

かきたれで〜す

柿田 礼
（旧姓・真地田 礼）

たれ乳（牛乳×和風だし）

ミルク鍋でお肌すべすべ

牛乳に和風だしを加えスープにして鶏胸肉と野菜を煮込む鍋料理。牛乳ベースだと淡白な味になるため、胸に物足りなさを感じるかもしれないが、そんなときはあらかじめ粗塩でもんでおくとよいだろう。この鍋は何日か続けるとスープが熟成されて、より味わい深いたれ乳に育っていく。

番外 うな丼のたれ丼

市販のうなだれ（うな丼のたれ）を使って

うな丼やうな重を食べているときの定番会話として、昔から受け継がれてきたものに「たれだけでも飯喰えるなぁ」や「このたれで2杯はいける」があるが、それを実際にメニューにしたのが、うな丼のたれ丼だ。うなぎとたれはセパレートで売られているので、うな丼のたれ丼を食べたいときに、うなぎを買う必要がないのも財布に優しい一品だ。

11

お題
▶矢沢

How to be Big

永定食で成りあがれ!

CALORIE
（キャロリーまたはカロリー）
背脂、サラダ油、ポマードにまみれるOil Punkバンド。サラダ油ボトルの一気飲みがライブ開始の儀式。

永ちゃんはアマチュア時代に定食の「Eセット」をバンド名にした、あなどれない存在。スターに近づくためには同じメシからだ！

「おばあちゃん、おもしろくない」これが口癖だった。……おばあちゃん、そうすると「おもしろいとこ行けば」って言うんだ。「おもしろいとこ行けば」って、たまに涙浮かべてた時もあったな。――（『成りあがり――矢沢永吉激論集』本文より）

ロック界、いや、日本が誇るスーパースターの矢沢永吉（永ちゃん）は広島の原爆などの影響で、ほとんど孤児として親戚の家をたらい回しにされ、極貧のなか育った。小学生の永ちゃんが長屋の貧乏生活の中、考えていたのは、どうしたらアメがなめられるか。どうしたら、腹いっぱいメシが喰えるかだった。

『成りあがり』はそんな永ちゃんの半生を激論集という形で「高校までの広島時代」「バンド結成のために乗り込んだ横浜時代」「衝撃的なデビューをはたしたキャロル時代」「キャロル解散後、本物のスターへの階段を上りつめていくE・YAZAWA時代」という構成でまとめた我々のバイブルである。

さて、『成りあがり』を読んでいると、食べ物の話が異常に多いことに気付く。特に幼少期からキャロル前なのだが、我々は、このメニューを通してハングリー精神を学ばなければならない。永ちゃんが何を食べて、スーパースターになったのか。一歩でも星に近づくために。

余談だが、永ちゃんが唯一苦手なのは豚足。「デザインがダメなのよ」とのこと。

（註・各本文の冒頭太字は『成りあがり』〈角川文庫〉からの引用です）

皮ジャン鍋（「ファンキー・モンキー・ベイビー」）

「ボクたち横浜、川崎あたりじゃ、もう革ジャンにリーゼントでかなり決めまくってるバンドですけど。知らないの」って感じ。

キャロル結成後、TV番組「リブ・ヤング」に出たくてかましたハッタリ。この時点でジーパンしか持ってなかったが、出演が決まると奥さんの指輪を質に入れて革上下とブーツを1万5000円で購入（もちろん、指輪は後で戻している）。そして、当時としては衝撃的なファッションと音楽がミッキー・カーチスの目に止まり、デビューを勝ち取ったのだ。このように革ジャンは永ちゃんを語る上で最重要アイテムである。そこで、今回唯一のオリジナルメニューとして「皮ジャン鍋」を考案した。鶏皮と餃子、シュウマイ、春巻きの皮をジャンジャン鍋に放り込むだけ。酢醤油で。

茶わん蒸し（「ヘイ・タクシー」）

作り方
1. 卵をポンと割る。
2. 醤油、味の素、水を混ぜ、ポッコリと。

オレが好きだったのは、卵料理。卵、ポンと割って、醤油を混ぜて、水混ぜて、味の素混ぜてこねるわけ。それをふかすわけよ。ふかすとポッコリ。茶わん蒸しのようなもんよ。それを、もっとオカズにしたい場合は、醤油をちょっと足すとかね。それ、オレ大好きだった。

大好きだったおばあちゃんとの朝食の場面である。「永吉、起きよ」と言って起こされると、新聞紙を敷いて待ち「ほ〜れ、ごはん食え」といって出されたメニューの一つである。「成りあがり」の時点でも、よく思い出してレンジで作っていたらしい。

茶わん蒸し誕生日バージョン（「アイ・ラヴ・ユー，OK」）

作り方
1. 卵2個をポンと割る。
2. 醤油、味の素、水を混ぜ、ポッコリと。

「おばあちゃん、オレ誕生日なんだ」「それがどうした」わかるだろ、関係ないわけよ。そんな誕生日なんて。でも、さすがよ。おばあちゃんがオレにしてくれたことは。卵をふたつにしてくれた、その日だけ。……「〜永吉、よく聞け。卵と思って食うな。ニワトリ二羽殺してくれたと思え」と言うんだよ。そう思って食えって。とてもうれしかったよ。

年に一度の卵二つDAY。さらに「おまえ、永吉、好きな卵買ってこい」と言われたことがあり、13円とか12円という卵を選んで買っていた。

黒いバナナ（「黒く塗りつぶせ」）

バナナ……黒くなって山積みされてるやつ。五十円で一盛。あれを、いやっというほど食ったことがある。高校生くらいだ。自分の稼ぎがあった頃だから、そういうことができたのね。でも、いまあんなもん誰も食わんわ。その程度のやつ、まっ黒のゴミみたいなやつ。うまかった。

現在はなかなかまっ黒なのは売っていない。普通のを買ってきて、2〜3日置くと、黒くなるが、そんなに待てない!という人もいるだろう。そんなときはマジックで黒く塗りつぶせ!

ルイジアン鍋（「ルイジアンナ」）

「ヤバイよヤバイよ」「ヤッバイなあ」「なあ」みんな浮き浮きしてた。金もらって、みんな喜んだ。オレも、また一歩近づいた。……やった！「矢沢、がんばろう」「ガンバローぜ！」祝おうじゃないかってことになった。定期が、ひとり千六百円かそのへんだった。ひとり、四百円余る。五人で二千円余る。ラーメンとコーラ買おうってことになって、ラーメン十個ぐらい、コーラのホームサイズを五、六本買った。……おいしかった。ラーメン。男が五人並んで、コーラをコップに入れて乾杯。忘れない。

キャロルの前身、ザ・ベースでクラブのオーディションを受け、一カ月契約を勝ち取ったときの話。ノー・ギャラだったが、定期代としてもらった1万円は永ちゃんが歌ってもらった初めてのお金。ここでは「サッポロ一番みそ」だと解釈し、ルイジアン鍋とした。

キャロリーの夢

キャロリーメイト
食べたいな

キャロリーの夢。それはモテモテになること。グルーピーの名前は「キャロリー・メイト」って決めてる。もう一つは定食屋で定食の他に一品、小皿を躊躇なく注文できるようになること。

キャロリー・ファーストアルバム
「キャロリー・ファースト」
発売予定●ライノ商会レコード
曲目●「腹減った」「冷蔵庫」「カツ重大盛りできますか」「カレー」「ハンバーグ」他全13曲
プロデュース●曽木どんより

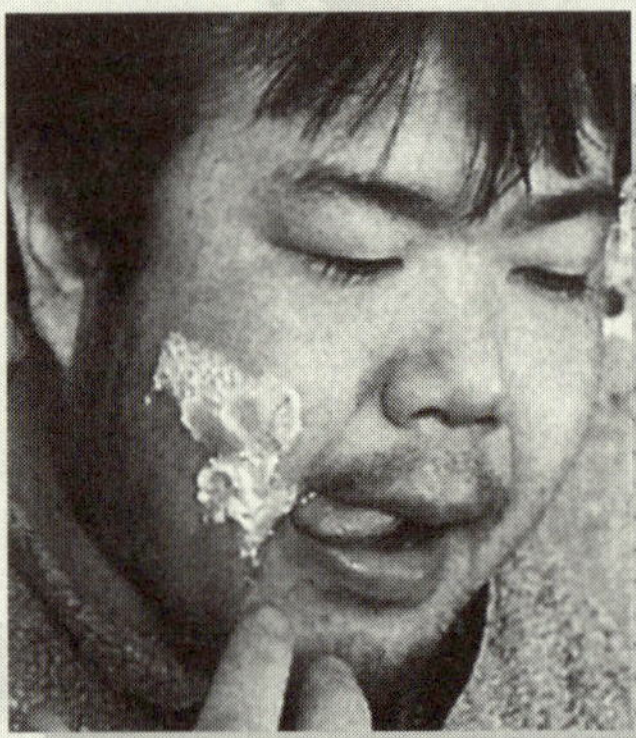

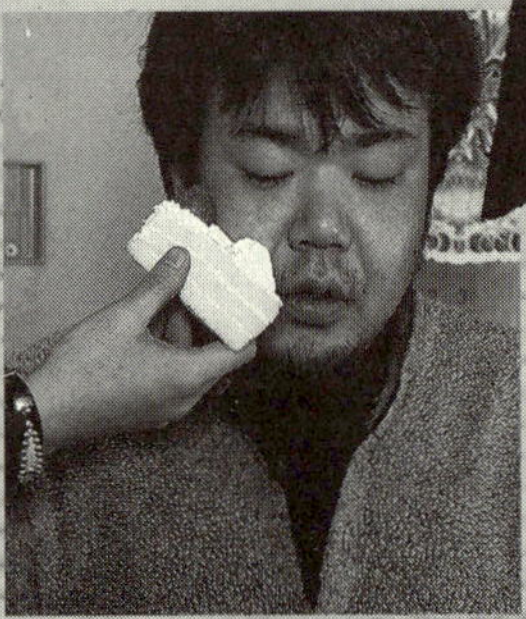

ケーキ（「やりきれない気持ち」）

「永吉、今日はクリスマスイヴだけど、おまえの家はこういうの食えないだろう」……「欲しいか。ちょっとなめさしてやろうか」「うんなめさして、なめさして!」……そいつは、「そうかなめたいか」と言って、パッとちぎってくれた。そこまではよかった。そのケーキをちぎって……。オレに投げた、ポンと。頬っぺたに、ペチャっとくっついた。その時、オレがどうしたと思う? 「てめえ、この野郎」と殴りかかる? いや、ちがう。世の中って劇画じゃないんだ。……落ちないでくれ、頬っぺたから。落ちないでくれさえすれば、あいつがいなくなってからなめられる。そいつが横を向いている時に、舌をのばしてなめた。

屈辱的なことをされても、おいしそうなデコレーションケーキのクリームの魅力に抗えなかった永ちゃん。この頃から「誰よりも金持ちになってやる」と強く思うようになった。辛い話だが、我々はここからも、こういうことすらバネに変えてしまう強靭な精神力を学ばねばならない。

カレーの大盛り（「ゴールド・ラッシュ」）

高校生ぐらいになってからは、名前は忘れたけど、オッサンがやってる洋食屋があって、そこのカレーを食ったの憶えてるな。うまかった。一皿百円くらいかな、金さえあったら何杯でも食ってやろうと思ったよ。

カレーは好物らしく、ザ・ベースのときに練習場所として借りていた食堂でもいつも大盛りを食べていたとある。ロックもカレーも好きになればとことん突き詰める、ここにも成り上がりのヒントがある。

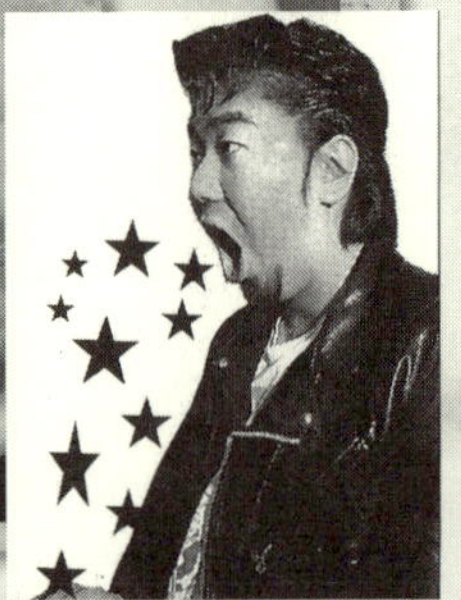

カツ丼（「YES MY LOVE」）

そいつとふたりで大喜びして、カツ丼なんか食って広島に帰ったもんね。

高校時代にキャバレー社長からカーネギー著『人を動かす』をもらったときの話。嬉しいことや、ここ一番のメニューとしてカツ丼があると思われる。

六十円のトンカツ（「ラハイナ」）

六十円トンカツとかもうまかったなあ。トンカツなんて、ブルジョアの食べるもんだと思ってた。

洋食屋の目玉商品で食べたときの話。物価上昇のため、永ちゃんのよりは小ぶりだろうが、スーパーで2個100円を発見。

牛乳（「ドアを開けろ」）

中学　ワルの時代　メシ食えんけど　そんなの知らないよ
パンを盗めばいい　牛乳ガメて飲めばいい

朝、「ウォーっ」とやったそうだ。

味噌汁ごはん（「Rockin' My Heart」）

味噌汁の中身混ぜて、べちゃべちゃにして食う。うわあっと流し込むのが好きなの。

茶わん蒸しがないときによく食べたメニュー。具は大根とかいろいろだったらしい。

キャロリーのメンバー紹介

M.GOSHIMA（B Vo）

キャロリー・ホイ（G）

ジョニー・オイニー（G）

ヨコ・チン（Dr）

12

お題
▶地獄のもやし合宿

Camp of hell

もやし一週間
貧困さん
いらっしゃ〜い

夫婦漫才師　まめもやし
左がもやし家さんし、右が山瀬まめ。

「安いおかず」と聞いてもやし炒めを想起する人は多いだろう。が、〝炒め〟だけでは完全な役不足だ。和洋中、もやしのフルコースを紹介!!

諸君の中で、日に当たらず家の中で遊び、色白で痩せていて虚弱な子供のことを「もやしっ子」と呼んでいる人がいたとしたら、もやしに謝ってほしい。もやしに対して失礼だ。

もやしは光のない場所でも栽培できる上に、成長も早く数日で食べられるまでになる野菜である。しかも一年中いつでも栽培できるので、価格も安価で安定しており、一袋四十円ぐらい。三袋だと百円というようなダンピングにも対応している。こんなにたくましくて、頼りになる野菜なのにネガティブな意味の比喩で使うとは無礼にもほどがある。もやしをよく食べているにも関わらず「もやしっ子」という言葉を、何の疑問もなく使っているとしたら、恩を仇で返しているようなものだ。太陽なしでも立派に成長するのにひ弱だろうか？　食べたときのシャキッとした歯触りに「芯」のようなものを感じないだろうか？

今一度、もやしっ子とは何かを考える必要があるだろう。その上で、定義を変えるなら変え、変えないのなら、もう使わない方向で進めていただきたい。もやしは林君や林ちゃんのあだ名ぐらいで充分。

今回はそんなもやしと一週間、寝食を共にしていただく。もやしにとっては食べられるだけだが、これまでの誤解を解消する機会になることだろう。合宿終了時、諸君のたくましくなった姿を見るのが楽しみだ。

Monday
もやし中華

水溶き片栗粉革命を!

もやししか買えない。そんなときはもやし炒めだが、もし、余裕があるならば片栗粉を買ってみよう。もやし炒めに水で溶いた片栗粉を絡ませると中華丼やあんかけ焼きそばなどの、あのトロミが簡単に出せるのだ。ひとり暮らし前は、あのトロミの正体を知らず、ここで初めて片栗粉に出会い、そしてその偉大さに気付く人もいるだろう。知ってからは革命前と後ぐらいの違いを感じるはずだ。イントネーションとしては「冷やし中華」と同様。

Tuesday
燃やしもやし

ホイルに包んでファイヤー

火曜日は火の曜日なので、キャンプファイヤーの予定。そこで加熱方法をちょっと変えて食べてみよう。アルミホイルを用意して、塩コショウと油を少々振ったもやしを包み込み、ファイヤーにイン。適当に火が通ったと思われるころに取り出しアツアツを豪快にいただく、もやしの燃やし喰いだ。猫舌の人はアツアツをハフハフしながら騙し騙し燃やしもやしを食べよう。「わたすは訛りがあるから心配だわ」という人がいるかもしれないが「燃やすもやす」と呼んでもよいので安心して。

Wednesday
もやしライス（ハヤシもやし）

週の真ん中は気を引き締め

水曜日はダレやすい日なので、ピリリと辛いカレーで攻めよう。ルーだけで煮込む素カレーはサラサラだが、もやしを入れることでライスに乗るようになる。イントネーションはハヤシライスと同じなので、レトルトの場合はカレーではなく、ハヤシにするのもよいだろう。

Thursday
もやし玉子

感想を言うときは気を付けて

週の前半は栄養がほとんどゼロなので、この辺で栄養を摂りたいところ。そこで玉子と炒めたのがこの一品。ただし、嬉しいからといって「昨日、もやしたまご美味しかった」などと言うと、人喰い人種と思われたり「そんな歳なの!?　見えないねぇ」と年齢詐称疑惑に発展しかねないので、注意が必要だ。

Friday
もやしお好み

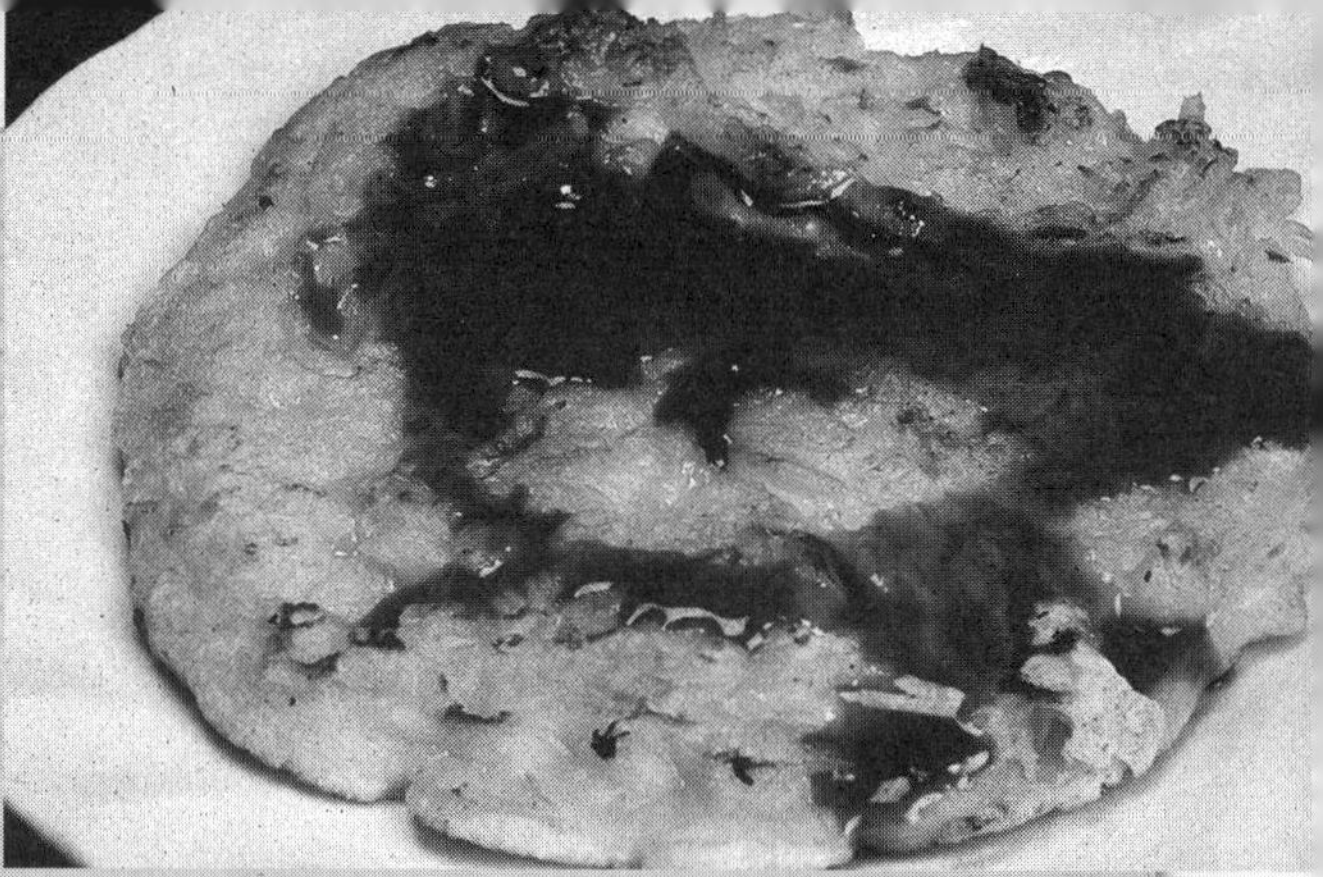

シャキシャキを活かす
キャベツの代わりにもやしを使ったお好み焼き。もやしのシャキシャキ感がキャベツの食感とは違った楽しみを与えてくれる。小麦粉だけだと、厚みがあっても目が詰まり過ぎて硬くなるが、もやしが入ることにより、空気が生地に入り、心地よい食感が得られる。

Saturday
もやしビビンバ

置いた場所は忘れない
これはチャレンジメニューの一つ。袋ラーメンの「出前一丁」に付いているゴマラー油を、ラーメンを食べるときに、入れ忘れた振りをして取っておく。それを3回繰り返して貯めた段階で挑戦。さっと湯がいたもやしにゴマラー油をかけてできあがり。主に香りを楽しむメニューなので2袋でもOK。

Sunday
もやしサッポロ

チューンナップの基本
袋ラーメンにもやしを入れるのはポピュラーなチューンナップ方法だが、注意するのは、普段通りに作るともやしの水分で味が薄くなることだ。ここではサッポロのみそを使用したが、味はなるべく濃いものを選び、水の量も少なめに設定しよう。

13

お題
▶東京カスパラダイスオーケストラ（カスパラ）

Hey! KASU-GUY!!

勝ち抜き男のカス自慢

金欠だ
天カス貰って
金浮かす

都内のおそば屋さん。高級食材を天ぷらにした後の高級カス。

天カスにフォーカス！
そば屋、天ぷら屋でもらえる天カスは天からの贈り物。素材の特性を研究し、カスタムメニューで差をつけろ！

天丼「てんや」で、夏定食を注文したときのこと。（カッコ内はそのときの心境）

自分「天カスはいただけますか？」（断わられたら嫌だなぁ）

店員「はい、おいくつですか？」

自分（えっ、こんなにあっさり）「あっ、二つください」

店員「かしこまりました」

自分（思わず二つと言ってしまった。いくつまでもらえるのだろう）

この後、ついでに、何も注文しなくても天カスはいただけるのか、というようなことを質問してみたが、アルバイト（多分）の店員では判断できなかったらしく、店長（多分）を含めた数人が厨房で輪になって会議を始めた。結果は「基本的にはご注文いただいたお客様……」とのことだった。「毎日、もらいにくるぞ」と思われてしまったのかもしれない。しかし、全国チェーンがカスを開放していたとは！　これで、全国どこに住んでもカスに困ることはあるまい。

ところで、諸君はカスを買ったりしていないだろうか。カスの良さや料理法は後で触れるとして、とりあえず「買ってます」という人は考えを改めてほしい。いくら安いとはいえ、払ってるんでしょ、お金。写真を見てほしい。これは東京・浅草のそば屋さんだが「どうぞ、いくらでも」という感じなのだ。このような店はけっこうあり、店内に出てなくても、快く分けてくれる確率は高い。しかも、そば屋や天ぷら屋の天カスは油もいいものを使っていたり、高価な食材を揚げていたりするので、香りよく、おいしい高級カスなのだ。これを放ったらかすのはもったいない。また、食べた品で差別されることもなく、「もり

メガ天丼

レンジで温めて風味アップ！

温かいごはんにカスを敷き、麺つゆをかけていただくメガ天丼。家にレンジがあるならあらかじめカスをチンしておくと風味がアップする（チン・カス）。びっくりするほどにたくさん敷き詰めて、驚きながら食べるのが正しいメガ天丼の食べ方。ちょっと大袈裟かなと思うぐらい目を見開いてほしい。余裕のある人は溶き玉子や玉ねぎを加えるのもよいだろう。諸君にまかす。

しか食べてないんですが……」と遠慮することもない。むしろ堂々と「いつもの包んでもらえます？」というと、周りの客から「ほほう」と一目置かれることもあるだろう。諸君も近所のお店を回ってカス・チェックをし、カス・マップを叩きこもう!!

さて、そんなカスの使いどきだが、たとえば給料日前で財布がカスカスになり、生活をおびやかす状態になったときにカスを使えば、かすかだがお金を浮かすことができ、給料日までの食材も転がすことができる。離婚寸前だった夫婦も仲直りできる。そう、カスはかすがいにもなるのだ。今こそカスにフォーカスすべきだろう。メニューを五つ挙げておいたが、諸君は諸君で、カスタム・メニューを考えてほしい。イカすカス、活かすも殺すも君しだいだ!

カス食べて腹をごまかす給料前

カスタマ〜

油が恋しいときに

オムレツにカスを入れるメニューで、焼き加減やカスへの玉子の浸透度など、かなりテクニックが必要。「自分はできる」と言い聞かすことが重要。上手くできたら見せびらかす。

ドリームジャンボ宝カス

食べるときは周りにも注意

カスのサクッとした歯触りを活かすため、ピザ風に仕上げたのが、このドリームジャンボ宝カス。トーストにケチャップを敷き、その上にカスを乗せてオーブンで焼くメニューなのだが、ケチャップのベースがしっかりしているので、いくらカスを乗せても安定感がある。ケチャップとカスの相性もよく、温められたカスから香ばしい香りが漂ってくる。ただし、カスの食べかすが落ちやすいので周りを散らかすことのないように気を付けたい。また、カスを食べている最中に周りに笑かす人間がいると吹き出すことがあるので、その点にも注意を欠かすな。

焼きそばカス

♪カスの数をかぞえてみる

お好み焼きでもカスを使うように、ソースとカスの相性は実証済み。投入は麺がほぐれてソースを絡めるとき。焼きそば単体では絶対に出ない風味が楽しめる。彼女に「想い出はいつもキレイだけど、それだけではお腹がすくわ」とつぶやかれた切ない夜の夜食にどうぞ。カスと麺は絡みにくいので、カスを散らかすようにしよう。

みそっカス

具として立派に機能するカス

うどんのポピュラーなメニューの一つに「たぬきうどん」があり、カスが麺つゆやうどんのスープに合うことは知られている。そこで、インスタントのみそ汁に具として投入したのが、この「みそっカス」。マルコメのインスタントみそ汁は10食入りで約100円と安いのは嬉しいのだが、ちょっと具が寂しいのも事実。しかし、カスを入れることによって見違えるようにチューンナップされる。カスは水をよく吸って膨らむので、素のときと明らかに箸の重みが違ってくるのだ。食べた感じも油揚げや麩も脅かすものなので、ぜひ試してみよう。ごはんを足してもイカす。

仙人さん
霞を喰うより
カス食べよ

14

お題
▶コレステロール・コネクション

Mayonnaise junkies

エルビス・これすて郎（ハーフ）
好きなマヨはキューピーハーフ。

マヨに迷いは禁物。マヨネーズ・チキンレース（マヨチキ）では、動脈硬化を怖れずに、マヨのチューブを絞りきれ！

　みんなですき焼きを食べて、ある程度の時間が経ったころに、みんなと自分の玉子の減り具合の差に驚くことがある。すき焼き本体を食べている量は変わらないのに、自分の玉子はもうなくなりかけていて、みんなのはたっぷりと残っている。まだ食事が終わったわけではないので、玉子を追加したいところだが、昨今の玉子、あるいはコレステロールを摂りすぎると良くないという認識に躊躇する自分がいるのだ。

　マヨの消費も早いほうらしく、冷蔵庫にあれば、野菜を大量に買ってきて三日ぐらいで一本使いきるペースだ。そこには野菜を食べたいという欲求ではなく、マヨを食べるための大義名分として野菜を買うという構図がある。つまり冷蔵庫の中にいる、マ術師のマヨから遠隔操作され、野菜を買いなさいという指令に従わされているのだ。それはマヨのマ法による催眠状態にあるといえる（余談だが、この場合のマ術は、マヨの色が表しているとおり白マ術で、黒いほうは、黒マ術師のくせに、漫才師と世間を偽っているブラックマヨネーズだ。一人の顔がブツブツなのは、明太子マヨの名残らしく、もう一人の体形と頭髪がああなのは、キューピー由来とのことだ。彼らの漫才もマ薬的な快楽をもたらし常習性がある）。

　話を戻そう。すき焼きの玉子で迷ったときに思い出すようにしているのは、偉大なロックンローラーだ。エルビス・プレスリーは、大好きなピーナッツバタートーストを好きなだけ食べたし、矢沢永吉（永ちゃん）は、誕生日、茶碗蒸しに玉子を二個入れた（P52参照）。

　自分にとってすき焼きとは何かを考えたとき、玉子やコレステロールの量を気にしながら食べるものではないという結論に達した。このことによって動脈硬化になろうが後悔はしない。たとえ涙が溢れてきても、上を向いて食べよう。SUKIYAKIとはそういうものだ。

みなしご丼

玉子丼に罪はない

玉子丼というメニュー名に大人のご都合主義を感じたことがないだろうか？　親子丼は鶏肉（親）と卵（子）、他人丼は牛もしくは豚と卵（鶏）というふうに、丼を使う具材の血縁や人間関係になぞらえて命名し得意げな顔をするのに、卵単体の丼では、血縁関係に触れず、玉子丼（卵丼）とする。これは“優しさ”だろうか？　本当に優しさを示すなら、丼名を血縁や人間関係になぞらえないことだと思うのだが、どうだろう。玉子丼を子供だと思って、なめていないだろうか。玉子丼は幼いながらに、自分の名前は血縁に触れられてないことを敏感に感じとっているはずだ。写真のメニューは目玉焼きをライスにのせた丼で、みなしご丼だが、親子丼や他人丼の名前の見直しがあれば、こちらも変わるだろう。「殻無し卵の姿焼き丼」のような、共産圏のような名前を強要するつもりはなく、「目玉焼き丼」を許容するぐらいの柔軟さは持ち合わせている。

迷わずマヨワン

マル&マヨのコンビ

マルちゃんのワンタンにエビマヨのおにぎりを投入する、迷わずマヨワン。ツナマヨのおにぎりでもOKだ。ルールではないが、ワンタンにお湯を入れて待つ間は、フタにおにぎりを乗せるのが通常のスタイルとなっている。また自宅で食べる場合に器を替えるなら、お椀タイプを使おう。

えエイ、まマヨ!

ギザギザカップ×七味で

単体でもおいしいエイヒレだが、写真のようにギザギザのアルミカップにマヨを入れ、七味を振って食べると、なぜか気分が良くなる。ギザギザは180枚を100円ぐらいで入手できるので、マヨ用に備えておくのもよいだろう。

迷ったら、マヨっ鱈

温めるなら全部まとめて

えエイ、まマヨ！と同じギザギザアルミカップものの、迷ったら、マヨっ鱈。やや硬めなので、レンジでチンしてチン鱈状態で食べるのがお薦めだが、一袋は大した量ではないので、ちんたらチン鱈するのではなく、まとめてチン鱈すると行ったり来たりする手間が省けるだろう。

真夜中のマヨ

鶏と鱈の卵でR.I.P.

溶き玉子とマヨで仕上げた雑炊にたらこふりかけを投入した一品。たらこがお湯に反応し、普通のふりかけご飯のときよりも風味が感じられる。飲んだあとの深夜、胃に優しい雑炊かと思いきや、鶏と鱈の卵でコレステロールの二段攻めをする、優しい悪魔的メニューだ。

マ横シリーズ

マ横フライパン

（横手風焼きそば×マヨ）

秋田県・横手市発祥の焼きそばにマヨをトッピングした、マ横フライパン。横手焼きそばは、目玉焼きが乗っているのが特徴。ここにマヨを追加するのは、お好み焼きなどの例を考えても、はずしようがない鉄板の組み合わせだ。本来は鉄板で作りたいところだが、フライパンでも充分においしくいただける。

マ横チン

（横浜あんかけラーメン×マヨ）

冷凍食品である、あけぼのの「横浜あんかけラーメン」は、具入りスープを電子レンジでチンして作るタイプである。チンはいい加減な時間設定をする人も多いが、この商品は500ワットで2分10秒と、かなり細かく刻んだ数値が設定されているので、なんとなくしっかりと守ったほうがよさそうだ。正確に作りたい人は、これを守って正確な真の横チン=真横チンを作ろう。

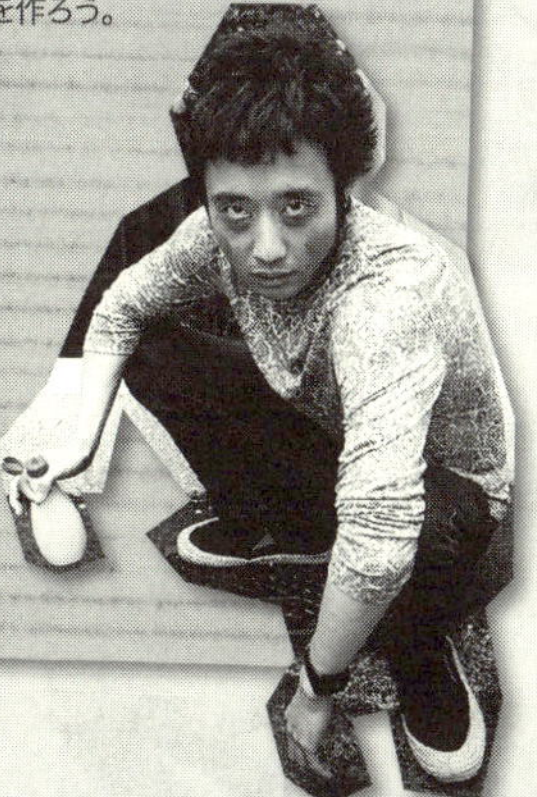

外でマヨを吸っていると、マ取（マ薬取締官）によるマヨ狩りにあうので注意しよう。もし捕まっても、口を割って仲間を売らないように。マヨを出されても負けるな。辛い時は、この言葉を思い出せ。「口は災いのもと。マヨは味の素」

15

お題
▶裸のマイランチ

The naked my lunch

給料三日前!! ランチタイム大作戦

ペヤングのキャラ弁
元々のペヤングと併せてそばめし弁当にする手もある。

給料日前でもスマートにランチタイムを過ごしたい！そんなとき役立つ手作りテイクアウト。容器もリサイクルで一石二鳥！

たとえば、定食屋で自分が頼んだ、豚のしょうが焼き定食を待っているとしよう。隣のテーブルにはガサツそうなオッサンとオバハンが座っていて、やはり自分たちの料理の到着を待っている。このようなとき「神様、どうか彼らの料理が先に運ばれますように！」と願ったことがないだろうか。しかし、無情にも自分のほうが先に運ばれてしまった。そうなると、彼らは身を乗り出さんばかりにして無遠慮にしょうが焼き定食を覗き込み「あれにすればよかった」などと言い、吸い物のフタを開けたら「大根のみそ汁や」などと続けるのだ。彼らは、こちらが食べづらいだろうということは微塵も思わない。彼らの料理が運ばれるまでの間、二人に監視されるように食事を進めなければならないのだ。

同じようなことが中学校の弁当の時間でもなかっただろうか。友人や自分の弁当のオカズが赤いウインナ一袋分だけだったり、シュウマイだけだったり、おはぎ二個だけだったり、ライスを入れ忘れていたり……。中学生も残酷なので辛い経験をされた人もたくさんいることだろう。

さて、お金のない給料日前。外食するわけにもいかず、どうしても弁当で済ませたい。しかし、カラフルな弁当を作る余裕はないし、かといってシンプルな弁当もちょっと……。ここではそんなときに重宝する弁当を紹介しよう。安く作れて、彼らが興味をそそられず、それでいて、仲間と一緒に机を並べてランチタイムを楽しむことができる。中にはちょっと練習が必要なものもあるが、慣れてしまえばこっちのもの。さぁ、ランチタイムに姿を消すのをやめてみないか？

ペヤング ソーススパゲティ

念のため味付けはソースで

「ペヤングソースやきそば」。もう、その名前の由来も気にならないぐらい、我々の一般常識として擦り込まれているカップ焼きそばであるが、その甘辛い味付けは、いかにもカップ焼きそばというもので、「UFO」と並ぶ人気商品である。しかし、支持する人は「UFO派」よりも思い入れが強いことが多く、ペヤング一本主義を貫く傾向にある。また、ペヤング派はラーメンでいえば、「ラ王」などより「カップヌードル」のノーマルを選びがちのようだ。さて、そんなペヤングであるが、容器をリサイクルしてランチボックスとして使用するときにも、その威力を発揮する。UFOのようにバリッと剥がすタイプではなく、フタの開け閉めが何度でも可能で、しかも作りもよいので「こんな頑丈なものを1回で捨ててもよいのだろうか？」と感じた人も多いだろう。そこで、スパゲティである。300グラム100円ぐらいのものを買って、3回使えばリアルペヤングよりも、だいぶお得感がでてくるだろう。ちょっとペヤングにしては太麺に見えるので、いつもより机を遠目にセッティングするか、太った人の隣で食べるようにしよう。

ほっかほっか亭 デラックス・ライス

外観はオリジナルをキープ
ほか弁、オリジン弁当などはランチの定番として、揺るぎない位置にあるが、デラックス幕の内弁当などの容器はブラック・カラーで高級感のあるものが多い。これも一度は自分で買ったものだし、一回で捨ててしまうのはもったいない。区分けもたくさんあり、普段の弁当箱としても使えるが、給料前にライスぐらいしか入れるものがない場合は細心の注意が必要だ。というのは、ほか弁などを買ってきたら、周囲の人間が今後の参考のために見たがるからだ。この視線をかわすのは相当困難なので、ビニール袋、箱にかぶせる紙、輪ゴムなど、本物を買ったときと同じ形をキープしておき、周囲にほか弁をアピールしてから外に出してしまったほうが無難だ。

巻くど

紙ナプキンも取っておこう
比較的簡単でお気軽なランチ。マックのハンバーガーを買ったときに、包み紙を取っておき、おにぎりを巻くだけでOK。さらに紙袋も取っておき、そこから取り出すとパーフェクト。本物を食べるときも、ほとんど本体が見えない状態なので、周囲からは不審がられることもない。ただし、ハンバーガーやチーズバーガーの包み紙なのに、分厚いおにぎりを入れると違和感を感じる人もいるので、たくさん食べたいときは、紙を二枚使って二つにしよう。

ペヤングJAPAN

ペヤング弁当では上級向き
スパゲティは買えないけど、米はあるというときに試してほしい弁当。乗せるものは写真のように梅干しや振りかけ、のりなど、ライスにあうものであればよいが、食べるときにモグモグしていれば周囲から「おやっ」と思われてしまう。そうならないためには、麺をすするように「ズズッ」と食べるのだが、これには、ある程度の訓練が必要だ。自信がない人は、マンガを用意してペヤングの前をガードし、空気を吸いながら食べるとよい。

みそしる花伝

実際の装着図。
ただの紅茶好きにしか見えないはず。

ボトル離れのよい具を選ぼう

ペットボトルはリサイクルが盛んだし、捨てるのもちょっと面倒。であれば、自分でひとつくらい使っておいてもいいのではないだろうか。そこでみそ汁花伝である。インスタントのみそ汁の口を小さく切り、ボトルから入れて、後はお湯を注ぎこめばOK。ここでは具をあさりにしたが、わかめが入っていると、最後にペットボトルに張り付いて残ることがあるので、イライラしたくない人はわかめは避けたほうが無難だ。

スニッカーズ巻き

気軽にエネルギー補給

こちらはランチではなく、いつでもどこでも小腹が減ったときに手軽に食べられる品として押さえておきたい技だ。ライスにのりを巻いただけだが、片手で、スピーディにエネルギーの補給ができる。お好みで納豆やキュウリなどを入れてもよい。ポケットやバッグに忍ばせておくと便利だが、フタが開いている状態なのでクリップや洗濯バサミで口を閉じておく必要がある。特に納豆のときはパッケージの先端を二重に巻くぐらいの慎重さがほしいところだ。

吉ブー

紅ショウガもあればベター

ほか弁と同様、吉野家のテイクアウト用容器を再利用するもので、肉をのせた丼であればリスクは少ない。使う肉は豚の細切れや豚バラでOK。「給料前だし肉はちょっと厳しい」というときは、しらたきや玉ねぎをしょうゆで味付けし、丼にしてもよい。ただし周囲の人に口に運ぶ瞬間を何回も見られ、それが玉ねぎやしらたきばかりだと不審に思われるので、咀嚼を多めにするなどして時間調節しよう。

16 お題 ▶まん
Men

ヤング★まん!!

石川くん
笑顔しか似合わないのに、
たまに渋い顔をしたりする。

小腹が空いたときのレジ横は超危険!! 肉まんの誘惑は強力だ。が、ちょっと待った、よく聞いてほしい。まんは自作出来る!!

コンビニのレジ横やその周辺には、団子やまんじゅう、クッキーなどのスウィーツ系や、アメリカンドッグ、コロッケなどの揚げ物が置かれている。この場所に置かれている理由は、店員に近くて保温器から取り出す際合理的という以外にも、精算の待ち時間に目に触れさせ、誘惑し購入に導く狙いもある。商品はその短い時間に決断させやすい百円前後のものや新発売のものが多いようだ。コンビニは膨大なデータに基づくマーケティングを行なっており、陳列の方法も日々進化している。全ての購入者の目につくレジ横はコンビニの中でもホットな場所であり、それゆえに、そこを狙うメーカーは戦略をたて商品を開発したり、コンビニと交渉したりしている。ヒットすれば莫大な利益、つまり金を生み出すからだ。それに加えて、レジ横では客の「ん？ 買うつもりじゃなかったけど、うまそうだなぁ。どうしよう」という食欲の誘惑と理性のせめぎ合いによってパワーも発生しているので、その場にうずまく〝欲〟の量はかなり多いといえるだろう。

以前、車で取材に向かう途中にドリンクを買いに立ち寄ったコンビニでは、女性編集者が、店員がドリンクをレジに読み込ませて、金額を伝える直前にチロルチョコレートを一つ滑り込ませていた。たしか一人ぐらい待っての精算だったと記憶しているが、その待ち時間に「チロル発見」→「買う買わないを検討」→「購入決定」という流れがあったものと考えられる。彼女は仕事ができる自立した編集者であったが、そんな彼女のチロル一つ分の小腹にまで、営業をかけてくるのがコンビニのレジ横なのだ。勝ち負けではないのかもしれないが、これはもうコンビニの勝ちだろう。彼女が一旦、列から離れ、店内のチョココーナーからチロルを選んで持ってきていたとしたら別だが……。

そこで〝まん〟だ。冬になると、やはりレジ横で大きく構えている中国からの刺客は、日本に入ってきてピザ、カレー、餃子など手を変え品を変え、大きな力（まんパワー）で訴えかけてくる。正直、抗うのが難しいときもある。しかし、毎度毎度、巨大資本の術中にはまるのも癪ではないだろうか。まんは作ってみると意外と簡単なので、みんなもオリジナルのまんを作ってみようじゃないか。

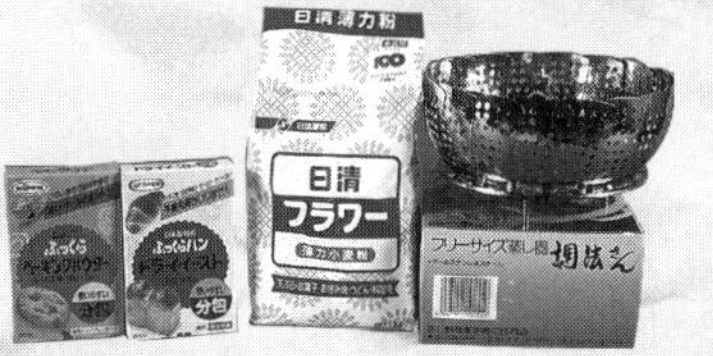

●まん（素まん　または　禁肉まん）

まずは基本形を押さえよう。まんの基本形がこの〝まん〟。プレーンな味なので、塩や砂糖を混ぜこんでもよい。また、ダイエット中だが禁肉まんとして食べるのはちょっと寂しいというときは、玉子と合わせてもよい。ただ、その場合は生やスクランブルなどではなく茹でだけが認められている。

●まんの作り方

用意するのは薄力粉、ベーキングパウダー、ドライイースト（三点とも約百五十円）と蒸し器（約三百円の網のようなもの）。薄力粉、ベーキング、イーストを混ぜ、水を足して生地を作り、しばらく寝かせて発酵させてから十二〜十五分くらい蒸す。

ラーメンまん

小袋なので使いやすい

ラーメンなので、スープも一緒に入れたいところだが、面倒だし、ちょっとリスキーだと思う人もいるだろう。そこでベビースターはどうだろう。小袋だと量もほどよく、味付きなので簡単。他にチキンラーメンを入れる手もあり、そちらは適当な大きさのブロックを入れると歯応えもなおよい。このメニューもトッピングは玉子の茹でだけが可となっている。

テリーまん

照り焼きでジューシーに

ダイエットもしてないし、ちょっとパンチのある具がいいなというときはチキンを使おう。ただ、唐揚げはまんを作る手間もあるので、ちょっと面倒。そこで、照り焼きでジューシーにいただこう。まんとの相性もよい。テリーまんとしては他にブリを入れる手もあり、想像するよりはおいしい。

あんぱんまん

あんぱんを見られたくない人にも

市販のあんまんでは物足りない。もしくは今どきあんぱんを食べるのは恥ずかしい。他人に見られたくないという人には、このあんぱんまん。あんぱん、もしくはあんまんをボリュームアップさせるばかりか、周りから「うぷぷ、あんぱん食べてる」と言われる心配もない。あんぱんも温かくなって新鮮でおいしい。

やきとりまん

ワクワクしたい人はこれ

串が付いていて個性的で食べやすく、食べるのが少し楽しいのがやきとりまん。塩味よりもタレのほうが、まんの生地に合うので絶対にお薦めだ。また、ねぎまなどにすると、「次はネギだ！　次は鶏だ！」などと考えながら食べることになるので、ちょっとした頭の体操にもなる。

スパイダーまん

種が熱くなっているので注意

別名「日の丸まん」。もともと中華のまんを日本風にアレンジしたもの。外国文化を自国に取り入れるのが上手な日本ならではのまんだ。いろいろなまんを作って、まんパ（まんパーティ）するときに、ちょっとしたロシアンルーレットとしても使える。ただ、梅干しの種が、もの凄く熱くなっていることがあるので、火傷しないように注意しよう。

トまんト

ジューシーさを楽しみたいなら

丸ごとトマトを入れて作るので、ジュワっとした感じがジューシー。ただしヘタが付いているので食べるときには気を付けよう。

しゅうまいまん

一箱で15個作ることが可能

15個で150円ぐらいなので、この具だけでも十分に楽しめる。友達が部屋に集まったときなどに振る舞おう。グリーンピースをきれいに割るのは難しいので、もし割るなら小学生のときに乳首の位置を当てるのが上手だった人に委ねよう。

eggまん

洋風味付けにはこれ

「どうせ後で蒸すんだから、生でいいや」などと、殻付きの生玉子を入れると、大変食べづらくなるので、必ず茹でた状態で殻を剥いて入れること。ただし、半熟がおいしいので茹で時間は短め設定で。マヨやケチャをつけてもいける。

ビックリまん

ホットチョコの具で暖まる

ちょっとお菓子感覚のまんが食べたいなというときや、甘党の人に試してほしいのが、ビックリまん。ウェハースのサクッとした歯触りとチョコの溶け具合が絶妙。

17
お題
▶for DJ
Remix cooking
for DJ

DJ気分でリミックス貧乏食

DJノーマン・クックドゥ
いいプレイにはこまめなショップのチェックが肝心。掘り出し物の素（食）材は迷わずGET!

大資本から与えられる味ばっかりじゃつまらない。地方生まれビンボー育ち、安いものなら何でも知ってる。新世代DJ貧乏食だ！

諸君は大資本が万人に向けて味付けをした、万人向けのインスタント食品を何の疑問もなく、黙々と食べていないだろうか？

たしかにサッポロ一番や日清焼きそばは名品である。何度食べても飽きない味はもはや我々のスタンダードだといえるだろう。

しかしそれらはクラシックである。我々は進化する人間である以上、その先をゆかなければならない。そう、新しい味の開発である。ただ、一から開発するのは面倒臭いから嫌だ。そこで既成の食品同士を組み合わせ新しい味を生み出すのはどうか。そう、その行為こそが、DJ貧乏食なのだ。ただし、行為の性質上、大盛りになりがちなので、大盛りを狙っていく気分のときや、パーティーのときに仲間と楽しもう。組み合わせは無限大。さぁ、君もターンテーブルの前に立て！

いざプレイ、その前に

●ターンテーブル

我々の武器はターンテーブルだ。そこには無限の可能性が秘められている。できれば二口のものを揃えたい。二口の優れた点はいうまでもないが、二つの料理を同時進行できること。たとえば一口だと、焼きそばを作った後に汁ものを作るのか、その逆にするのか悩むところだが、二口だと両方アツアツで食べられる。それに二口だと見た感じもいいし、DJすることへの意気込みが違ってくるのだ。

●ピッチコントローラー

ピッチコントローラーは微調整できるものが望ましい。袋ラーメンといえども火加減

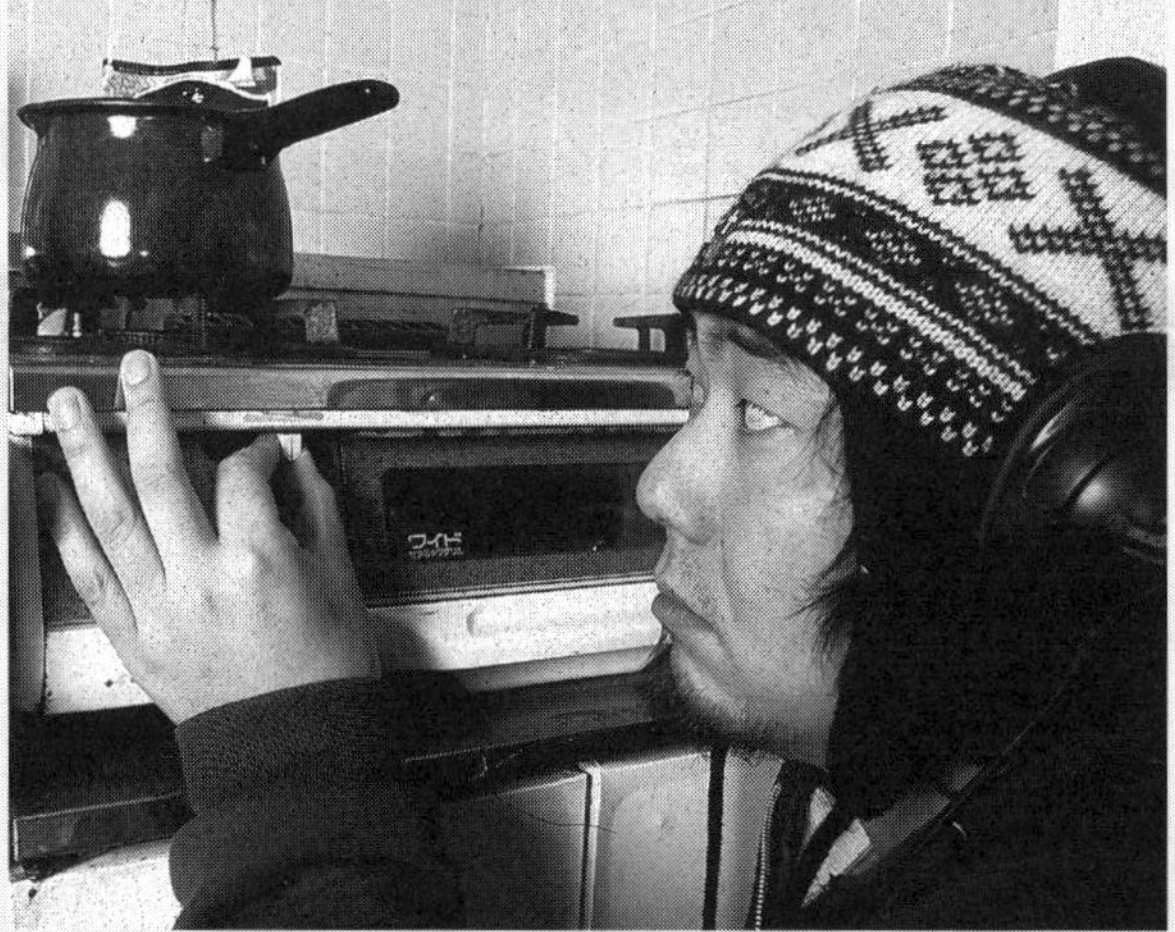

BPM（火力）の調整は慎重に。
会場を沸かすも冷ますも君次第。

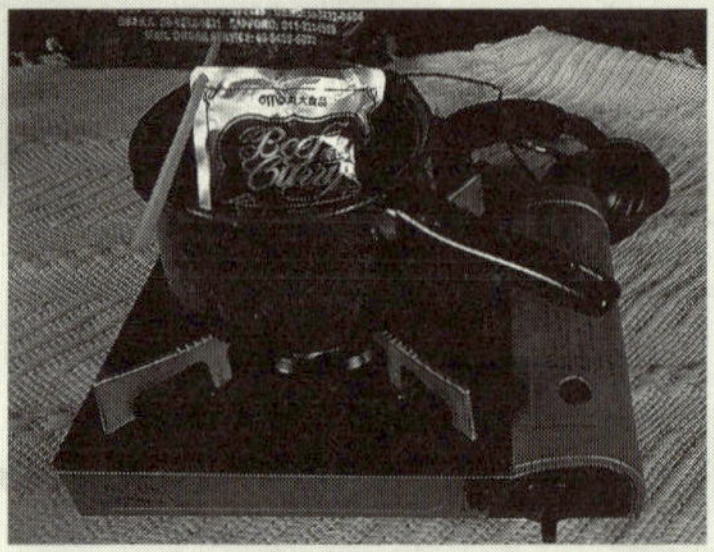

カセットデッキは、大人数が集う際は複数台持ち寄るのもアリ。同時使用で一気にピークまで持っていく。

によって微妙な味の違いが表現できるのだ。

また、二つの料理を作るときに、開始の遅かったほうのピッチを上げて進行を合わせるピッチ合わせも技としてマスターしておきたいところだ。できれば出力が大きく、ピッチの幅も広い機種を揃えたい。

●カセットデッキ

一口しか持ってない人やスペースがない人にはこれが便利。ポータブルなので、野外レイヴでＤＪするときに重宝するだろう。ボンベの残量や予備のあるなしは必ず確認すること。パーティが台なしになるばかりか、無能扱いされることになるからだ。そして、人前で自分が着火担当になったときの注意点。

カチッカチッカチッと三回ぐらいひねって着かないと「ガスあんの？」や「貸してみぃ」などと、焦らせると余計によくない結果を招くことがある、ということを考えずに、せっかちな外野がヤジを飛ばしてくることがあるので、そのような場合は一呼吸おいて落ち着いてゆっくりスイッチをひねるようにしよう。そのあと数回やっても着かない場合は、本当にガスがない場合や、操作が良くないなどの原因が考えられるので、意固地にやり続けるのではなく素直に次のＤＪに任せよう。持ち歩き用のハンドルはないので、肩にかつぐようにして運ぶのがクール。

ハウスミックス（ハウス）

カレーは中辛以上をセレクト

めいらく「ビーフカレー」とハウス「ククレカレー」をミックス。カレーのハウスミックスという意味合いになるが、ホワイトソースが入ることによってクリーミーでまろやかなテイストになる。よってカレーは中辛以上を使用するのがよい。レトルトパウチのまま混ぜてもよいが、余裕のある人は別の容器でミックスしてもよいし、逆に忙しい人は皿の上でミックスしてもよい。

スーパージャイアント大五郎（トランス）

全身にビートを感じたい夜に

スーパージャイアントと大五郎は単体でも充分に速い酒ではあるが、もっと速く全身にビートを浴びたいという人には、このミックスがお薦め。スーパージャイアントをベースにして、大五郎をのせると経済的で、頭がガンガンするほどのビートを刻んでくれる。翌日までそのビートは頭に残るので休日前に飲むのがよいだろう。他に「スーパージャイアントビッグマン」や「スーパージャイアント大ちゃん」などもある。いろいろ試してみたいものだ。

スジャータモロヘイヤカレー（レアグルーブ）

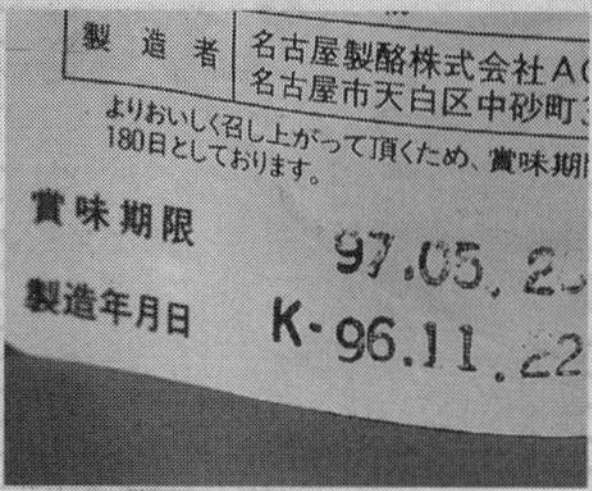

廃盤は賞味期限に注意

ショップによって品揃えが違うのは当然のこと。近所の同じところばかりではなく、たとえばレトルトカレーに強い、袋ラーメンの輸入盤に強いショップなどのデータを頭に入れておこう。写真は廃盤の「めいらく　モロヘイヤカレー」だが、寝かせすぎると賞味期限が切れるので注意が必要だ。

日ッポロ焼きそば（ビッグビート）

粉と液体のいいとこ取り

「日清焼きそば」の粉スープの麺へのからみの良さと「サッポロ一番ソースやきそば　おいしさBig」の液体ソースではあるが、充実したゴマ入りの青のり袋をミックスさせた、おいしいとこ取りのバージョン。懐の深いテイストだ。喉が渇きそうだったら緑茶やウーロン茶を用意してミクス茶一を作って飲もう。

18

お題
▶This is
自炊男爵

A
baron
potato

貧乏貴族サラリーマン男爵

右　ヘンリー男爵　癇癪持ち。
左　フレッド伯爵　動きがぎくしゃく。

茹で、焼き、揚げすべてに対応する男爵についてよく考えてみよう。つけあわせだけじゃない、男爵は、エース（主食）の器を持った男だ!!

サラリーマン男爵のみなさん、仕事の調子はどう？

日本はいま大変な状況をむかえている。不況で大企業まで倒産するようなことが起こり、完全失業率もなかなか改善されない。世間ではリストラの嵐が吹き荒れ、もはや大企業に就職したとしても安心して過ごせないだろう。このような時代だと、人は「今が良ければ」と刹那的になるかもしれないが、結局、今を楽しみ続けるには、経済その他の余裕がなければならない。今日、楽しんだら、明日は耐えるということが起こるのだ。

そこで男爵だ。諸君は男爵のことをどう捉えているだろうか？「生で食べられないし、皮むきや、芽を取るのが面倒」といった感じだろうか。

確かに男爵は気難しい一面も持っている。筋肉質なので見た目もゴツゴツしていてとっつきにくいかもしれない。しかし、他の軟弱な野菜が育たないような痩せた土地でも、立派に耐えて成長するたくましい野菜なのだ。その結果、茹で、焼き、揚げ、チンなどに対応でき、薄くすれば調理時間もそんなに掛からない。

男爵いもは、厳しい時代を生き抜く頼もしいパートナーになるはずだ。食わず嫌いはよくない。まずは一週間つきあってみて、男爵の考え方や身体が自分に合うと思ったら暮らしを共にしよう。

月曜日
割り勘男爵（餃子）

1週間の始まりは無理せずに

1週間の始まりである月曜日から無理をするのは良くない。しかし、ある程度パンチのある肉なども取り入れてスタートしたいというときに、この「割り勘男爵」だ。この料理は茹でて潰したマッシュ男爵の中に餃子を入れて、フライパンで転がすように焼くのだが、男爵の中で、蒸されるようにできあがる具としての餃子がポイントである。うまくできれば男爵に餃子の肉汁が広がり、それぞれの単体では味わえないハーモニーとなる。餃子を男爵に包むとき、あらかじめ爪楊枝で皮に数カ所穴を開けておくのもよいだろう。男爵の皮は厚くなればなるほど、火が通りにくくなるので、食べるときには、割って確認し、もし加熱が必要ならチンしよう。もしも「油をたくさん持っているし、調理するのも面倒ではない」という人がいれば、焼くのではなく、揚げるという調理法もあり、こちらは香ばしくサクッとした食感が得られる。できあがりには餃子のタレを付けて食べるのがお薦めだが、その場合も、餃子部分に付けたいので、必ず割って食べよう。

火曜日
バーコード男爵（千切りお好み焼き）

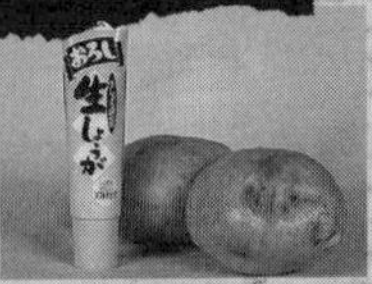

包丁を使うので、けが無いように

男爵というと、でこぼこしていて、料理も肉じゃがやシチューなどのように、男らしくゴロゴロしているというイメージがあるかもしれない。しかし、このバーコード男爵のように、バーコード切りすると、繊細でシャキッとした歯応えになり、調理時間もぐっと短縮できるのだ。調理方法はバーコード切りした男爵に、おろししょうがを混ぜ込み、お好み焼きのように丸く薄くまとめてフライパンに薄く油をひき焼くだけ。油がはねるので薄目で調理しよう。仕上げにウスターソースをお好みで。バーコード切りは千切りピーラーを使って切った細いものと、包丁で切ったものを混ぜて作ると、太さにバリエーションができて楽しいだろう。また、少し予算に余裕があるという人は、刻みのりか青のりを振りかけ、完全なバーコードを目指そう。このメニューは味は薄め、焼き色も薄め、いもの密度も薄めがルール。気を抜かず、くれぐれも、けが無いように!

水曜日
5時から男爵（マルシン）

お昼を節約した夜に

1週間の中で、どうしても中だるみしてしまう水曜日。そんな水曜日は勢いをつける意味でも、ガツンと肉でも食べてみたいところだ。しかし、いくらマルシンだからといって、際限なく何枚でも食べていたらキリがないし、野菜だって食べないと、身体にも悪そうだ。そこで、試してほしいのが、この「5時から男爵」である。作り方は2枚におろしたマルシンに、茹でて潰した男爵を挟んで焼くというもの。もしも、お昼ご飯で節約のため、パンに挟まれた薄いハンバーグを100円で食べていたとしたら「5時からは俺の時間。今度は逆に肉で挟んでやる!」というぐらいの勢いで挑んでいただきたい。中に挟む男爵の量は任意だが、多く挟めば勝ちというものでもないことを理解してほしい。「割り勘男爵」と同様に多くなるほど火が通りにくくなるので、注意しよう。このメニューを水曜日といわず弁当にも使いたいという声もあるかもしれないので、注意点を挙げておこう。人前で食べる可能性がある場合は、側面の男爵部分がマルシンと同色になるぐらいの焼き色をつけよう。もしつかない場合は家でソースを塗っておこう。その場合は「シークレット男爵」というメニューになるので注意。

木曜日
職安男爵（じゃがたら）

安定感のあるあんかけメニュー

「食に困ったらあんかけ」。木曜日ともなれば男爵に限らず、献立に困りがちだが、そのようなときは、片栗粉を思い出してほしい。今回はそれを、たらこと男爵のグラタン「職安男爵」（じゃがたら）で使ってみた。乱切りと千切りにした男爵にたらこふりかけで味を付け、水溶き片栗粉を入れオーブンで焼き上げればできあがり。たらこふりかけは焦げやすいので、表面にかけるのは、様子を見ながら終盤にしたほうがよい。男爵のホクホク感、片栗粉のとろとろ感が楽しめる一品だ。

金曜日

ごますり男爵(とろろ)

玉子を落として とろみを獲得

このメニューは死体カメラマンのTさんに教えてもらったものだ。Tさんは学究肌なので、ある日、山芋の代わりに男爵でとろろを作り麦めしにかけてみたそうだ。結果は「けっこう、おいしかった」とのことだったので、この機会に試してみた。料理の名前はこちらでつけたものだが、男爵を擦るという意味以外にまったく他意はなく、言うまでもないが、Tさんが「ごますり男爵」ということではないことを是非書いておきたい。死体にされたくないからだ。もし、立腹された場合はスリコギで腹を切る。さて、「ごますり男爵」である。男爵を生で、しかも擦って食べるというのはなかなか思い付かない発想だが、試してみると、予想以上に使えそうな雰囲気だ。男爵なので、やはりトロミはないのだが、玉子を落として混ぜれば立派なとろろ。こうなると、やはり麦めしにかけて食べてみたくなるというもの。麦めしといえば、炊くのが面倒だったり、白米と両方揃えるのが負担になりそうなイメージがあるが、白米と7対3ぐらいで炊くと、そんなに時間もかからず、価格も1キロで300円ぐらい。栄養価も高く、ビタミンB1や鉄分を多く含み、食物繊維は白米の10倍近い。こんなに安くて、健康にもよく、頭もよくなりそうな麦を放っておくことはない。諸君もこの機会に常備しよう。

週末は

メークインと過ごす

煮え切らなくても イライラせずに

英国生まれのメークインは、アメリカ生まれの男爵より、粘りけがあるのが特徴。どちらも日本での育ちは北海道なので、さけ茶づけで味つけして、ライスと絡めてクッパ風に仕上げる。このいもカップルは同じいもでも歯触りが異なるので、それがアクセントになって楽しめる。いもたちが煮え切らない場合は、事前に煮るなり焼くなりしておけばよいだろう。

19

お題
▶粉食祭り

CONA
The
great

YUKI
(粉ものを
食べるときは、
粉YUKI)

TARO
粉末ジャンキー。

魅惑の食材
粉を使い
こなせ!!

粉祭り翌日夕方、朦朧とした意識で
小麦粉をスニッフィングするTARO。
筋金入りの粉末中毒。

商売は粉もの屋に学べ、という言葉を聞いたことはないか？小麦粉はコストパフォーマンスに優れた心強い存在だ。ビバ粉食文化！

スペインで行なわれる熟したトマトをぶつけ合うトマト祭りや、それよりも重い速球が飛び交うらしいイタリアのオレンジ祭りなどで、人々が全身トマトまみれ、オレンジまみれになりながらも、興奮し恍惚としている姿を見ると、普段は許されない食べ物を全身に浴びるという体験は一種のカタルシスを与えてくれるのだと想像できる。

日本でも「まみれる」祭りはあるのだろうが、すぐに思いつくのは豊作を祈る泥の祭りで、楽しそうではあるが、食べ物ではない。まみれるなら、納豆がいいのではと思ったが、「誰が混ぜんだ？」「タレはどうすんのよ」「混ぜる間、間がもたないべ」「投げても、飛ばないし、糸が伸びたヨーヨーみたいになるよ」「マジ臭え」などの意見が聞こえてきそうだ。

ちょっとでもいいから何かにまみれたい。

そんな思いをかなえてくれるのが、運動会などの「飴玉探しゲーム」だ。顔を粉まみれにするのが目的なので、主役は飴ではなく、小麦粉だ。日本はいにしえから粉もの料理を食べる粉食民族である。麺類、パン、団子、お好み焼きなど、いろいろな料理に使える小麦粉の収穫に感謝するための祭りは、あまり一般的に知られていない。そのため自然発生したのが「飴玉探し」という名の「小麦粉祭り」なのだ。小麦粉料理を食べ、血肉化している我々が探すもの、それは飴玉ではなく自分の魂だ。当然、顔を小麦粉まみれにするのが正しい姿勢である。フーフーと息を吹きかけ小麦粉を吹き飛ばし、楽をして飴を取ろうとしている馬鹿を発見したら、粉のありがたさをわからせるために遠慮なく頭を押さえつけてやろう。身を粉にするとはそういうことだ。

feat.片栗粉 アン・ライス
(スーサイダル六本木)

アンの粘度を強めに設定

中華丼やあんかけ焼きそばをはじめ、世界中のとろみを一手に引き受けているといっても過言ではない片栗粉。とろみシェア率トップであろう片栗粉は小麦粉に次ぐ重要な粉だ。その片栗粉を水で溶き味付けをして、ライスにかけた料理がアン・ライスだ。味は塩コショウに加えて、粉末の「中華あじ」や「だしの素」などでOK。あんが沈み込みがちなので、片栗粉は多めにして粘度を強めにしよう。

アメリカンドッグ（ドッグ抜き）

AMERICAN DOG WITHOUT DOG

小麦粉はメリケン粉ともいうぐらいなので、その王道であるアメリカンドッグも、ぜひ試してみたい。基本的には玉子と小麦粉を混ぜて油で揚げるだけだが、問題はドッグだ。普段からドッグ入りを食べていたらクセになるので、ここではプレーンを作った。記念日や給料日にちくわや魚ソーを入れてもよいが、ちくわは串よりも径の大きい穴が空いているので、串に刺すにはちょっとしたコツが必要。鮎の塩焼きをイメージし、ジグザグにするとよいだろう。

揚げワンタンの皮

塩コショウでおつまみに

ワンタンの皮は“ワンタンの皮”として売られているため、ワンタン以外の料理に使うという発想をしない人もいるのではないだろうか。火も通りやすいので、皮だけをスープに入れてもいいし、チーズやツナなどをのせてオーブンで焼いてもいいし、ラザニアもできる。そこで、一番シンプルな揚げワンタンの皮。フライパンに油をひいて揚げるだけ。中に何か入れないと巻いてはいけないという規則はないので、遠慮せずにいろいろな形で揚げてみよう。

粉ん（粉チーズ入りナン）

プレーンのときは塩味で

インドの人は釜で変な作り方をしているが、我々はフライパンでOK。小麦粉を水と合わせて練り、さらに粉チーズも混ぜ合わせ、フライパンで焼くだけ。米がないときなどに重宝するメニューだ。プレーンなナンだと、カレーなどのオカズが欲しいところだが、チーズ入りだとそのままでも大丈夫。食べ物がなくなって「なんかないかなぁ」というようなときに「ナンがある」と思い出すように訓練しておこう。なんとか難局を乗り越えられるはずだ。

粉まいきシャルロット

貴婦人のお帽子におリボンを

ケーキをお皿にのせ、貴婦人の帽子をイメージして飾るフランスの洋菓子シャルロット。お皿がツバでケーキが本体の部分になるというオシャレなお菓子だ。小麦粉にベーキングパウダーを入れて作る方法もあるが、ホットケーキミックスを使えば安価で気軽に作ることができるだろう。できあがりにはケーキ本体にリボンを巻いてデコレーションするのがスタンダードのようだが、リボンがなければ、折り紙やチラシを切って巻いてもよいだろう。

素のもの

素いとん

練った小麦粉を醤油ベースのスープにちぎって入れる素いとん。変化が欲しいときは、小麦粉をお星さまや、お月さまの形にして入れよう。月は三日月がわかりやすい。ただし太陽はちょっと難しい。周りのギラギラ部分が曖昧すぎて。また、甘いのが苦手じゃなければ、少し砂糖を入れ、素ィートンにしてもよい。

素だこ

たこ焼き器もたこがないからといって、放っておくともったいない。そんなときは、プレーンな素だこで決まり。小麦粉と玉子で丸く楽しくできる。「たこないけど、どうしても中に何か入れたい」というときは、ちくわやこんにゃく、エリンギなど、たこーない食材を入れてもよいだろう。

20 お題
▶浪人夜食

RONIN
In the
dark

実家でかくれて貧乏夜食

兄　たけし
浪人生（RONIN-GUY）。妹の就職で立場が悪化。夕食で「おかわり」が言えず、深夜に冷蔵庫物色。メタリカ好きだが、最近はヘッドホン。
妹　ショウコ
編集者。チロルチョコレート大好き。

実家で無職。あえて言う、無駄飯喰らいだ。だからといって開き直ってはいけない。親しき仲にも礼儀あり、この言葉を噛み締めコソコソと、ときには大胆に夜食を喰らえ！

小学校の教師を父に持つ女性の話。彼女は高校卒業後、長野の実家で浪人生活を送っていたが、ある夜、小腹が減って冷蔵庫を開けたそうだ。そこには一本のバナナがあり「ちょうどいいかも」と思って手に取ったが、ひっくり返すとマジックで「父」と達筆な文字が記されていたという。これは父が給食の余りを持ち帰ったもので、同じことが、プリンや牛乳でもあったらしい。傷ついた彼女は、その後、マーガリンなどの足がつきにくいものを食べ、さらに食後はナイフで平坦にならしていたという。

「実家で無職」。日本でこの人種を分類すると①受験、就職に失敗した浪人②適齢期を過ぎた家事手伝い③働いていたが現在は失業中④自称ミュージシャン、ＤＪだが収入に結びついていないといったところか。

また、職はあるが、稼ぎが少なく実家に金を入れてない者も境遇としては仲間に入れてもよい。

働いてない者は夜型になる。これには朝、会社に行かなくてよい（行けない）という理由や、夜のほうが勉強がはかどりそうという理由、そして、いい歳で平日昼間にふらつくと、近所のオバさんに見つかり「あ〜ら○○ちゃん、お休み？」などと話し掛けられる恐れがあることが挙げられる。無職であることの後ろめたさが生活全般に影響を及ぼすのだ。当然、食生活にも及び、家族との夕食時にテレビでナイターやスポーツニュースでもやっていようものなら「イチローは稼いでるなぁ」という何気ない会話も深読みし、「本当はライスおかわりしたいけど……」となるのだ。しかし、かといって収入がないので自腹で買い食いもきつい。

こうして、無職は満腹感も得られぬまま、夜に追い込まれ、家族が寝静まった深夜に空腹感に襲われるのだ。

そこで夜食作戦の決行だ。しかし、この作戦は音をたてない技や速やかに済ませる技、跡を残さない技などが要求される。しかも台所には食べてはいけない地雷も仕掛けられている。たとえば初心者が手を出しがちなオーブントースターもの。アナログのタイマーは途中で出したからといって、タイマーが止まるわけではなく「チーン」と鳴ってしまう。それを忘れてしまいばれるという失敗例だ。

このように、もし失敗して「このごくつぶし！」と罵倒され、カッとなって金属バットを取りに行くのでは取り返しがつかない。個別の注意点はそれぞれの原稿を読んでほしい。特に、浪人生は丸暗記するつもりで。さぁ、今夜、決行だ。成功を祈る。

※すでに「ごくつぶし！」と言われてしまった人はＰ10のニートスパゲティを食べてね。

戸棚攻略法

戸棚全景。冷蔵庫より難易度は低いが油断は禁物。扉が木製の場合はきしみ音に注意。

台所の中で、お菓子などの乾きものや、缶詰、ラーメンなどが隠されている基地が戸棚である。ガラスの扉の場合などもあり、一見、無防備に見えるが、それなりに注意が必要である。

●OK

洗濯バサミ&輪ゴム系。写真では洗濯バサミがポテトチップスで輪ゴムがにぼし。どちらも武装、防御しているわけではなく、湿気防止のためなのでOK。当然、全部食べてはいけない。

●NG

未開封もの。写真ではかっぱえびせん。未開封ものは足がつきやすいので避けたほうが吉。どうしてもチャレンジしたければ、半分は残すようにしよう。その場合、洗濯バサミや輪ゴムが使いづらいパーティー開けはせず、つまんで開けよう。

●ラーメン

カップ二個と五食入りの袋がある。この場合、カップは単価が高い上に働いている軍団が狙っている場合もあるのでパスしよう。逆に袋は個数も多く、安いのでリスクは低い。ただし、最初と最後には手をつけないほうが無難。

●食パン

明朝、消費されるであろう枚数を引いて、余るようであればGO。

●缶詰（紅ずわいがに）

存在を忘れられている場合に限りOK。しばらく奥に隠し、様子をみる手も。イナバライトツナの三連、五連クラスならチャレンジの余地あり。

●缶クッキー

缶入りの高級クッキーだからといって、恐れることはない。ただし、好きなものばかりを食べるのではなく、多く残っている不人気ものを食べて、全体的に平坦になるよう心掛けたい。

OKもの。安心してGO!!

NGものを代表する未開封のスナック菓子。開封には細心の注意を。音もする。

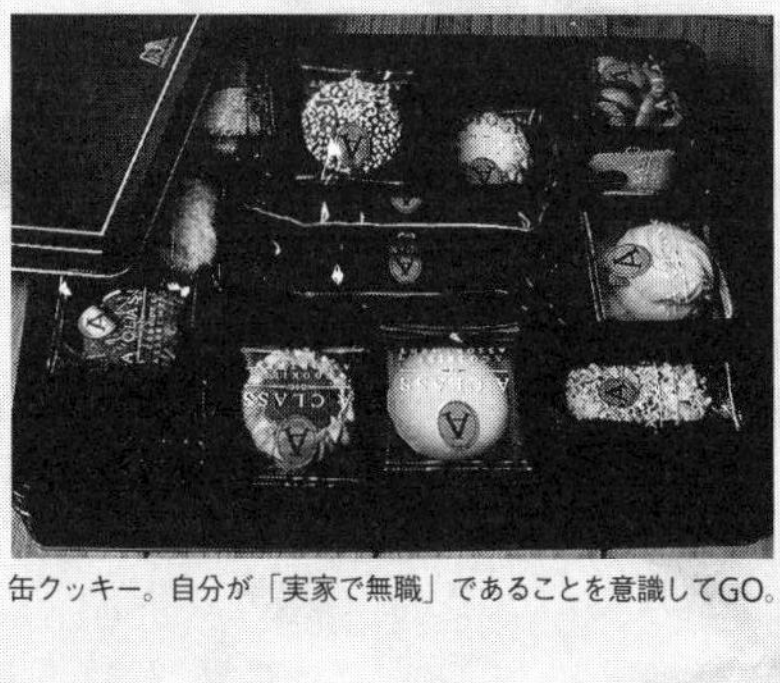
缶クッキー。自分が「実家で無職」であることを意識してGO。

台所全土の中でも、心臓部であり最大の要塞でもある冷蔵庫。それだけに、攻め方も正確さやスピード、状況判断能力などが要求される。だが、冷蔵庫にも隙がないわけではない。攻め所はきっとあるので、日々研究しよう。

●妹のケーキ

妹はケーキを大きな楽しみにしている場合があるので、失敗してしまったら猛反撃にあう可能性あり。理不尽で無関係なことまで要求されることも。

●三連パックもの

ヨーグルト、プリンなど、一つ目がなくなっていたらチャンス。最後の一つは避けよう。

●ハム

安心して食べられる肉系。パックが剥がされていたらGO。他の食材とも組み合わせしやすい。

●お父さんのビール

一家の大黒柱のビールを無職が飲むのは危険。写真のような六缶パックの一缶目ならなおさら。

●ぶどう

いくつか食べてOK。もし、心配なら、食べた部分をひっくり返しておこう。

●ファミリータイプのアイス

冷蔵庫攻略法

妹のケーキ

三連パックもの

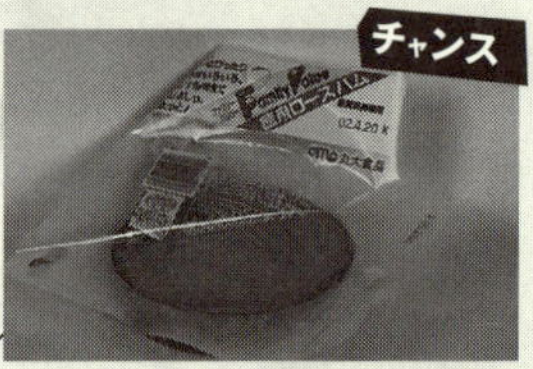

ハム

お父さんのビール

ぶどう

アイスはグレーゾーンに位置するもので、カップタイプは危険だが、ファミリータイプだとチャンスがある。しかし、これも最後の一本には注意。

●牛肉

価格的にNGなのはいうまでもないが、夜中に無職がジュージュー牛肉を焼いたりすると「非常識だ」と有職者軍団に糾弾されること必至。

●玉子／ごはんですよ

基本的にはOK。ただしご飯がある場合。玉子は調理すると、時間が掛かり、音も出るので、なるべく玉子かけご飯で済まそう。

●マヨ

チューブものも足がつきにくく、攻めやすいアイテム。ご飯と合わせてもよい。しょうゆ、ソースなども同様。

●メロン

切ってあるものなら攻める余地があるが、まだ、入刀されていなくて、しかもマスクはまずい。

以上が個別の食材での注意点だ。冷蔵庫で気を付けることは他に、開けっ放ししている時間が長くなると、サーモスタッドが作動し、「ヴイーン」という音がすることがあるのと、機種によっては閉め忘れのアラームが鳴りだすので、作動までの時間をつかんで行動を迅速にすることだ。

ファミリータイプのアイス

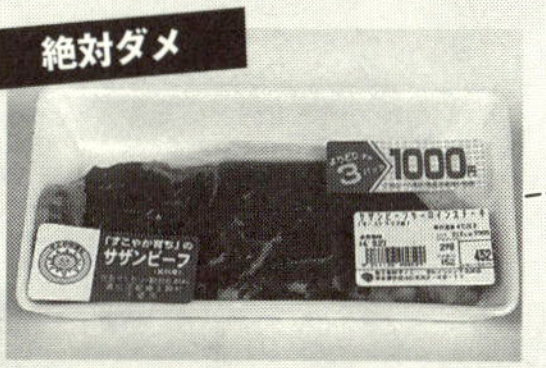

牛肉

ごはんですよ／玉子

メロン

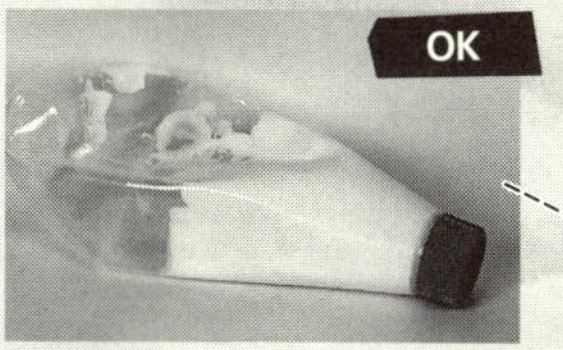

マヨ

●ハム飯

最後に冷蔵庫前でスピーディかつおいしく食べられるメニューとして、ハム飯を紹介しよう。このメニューは丼に盛ったご飯にハムを乗せて巻くように食べるもので、薄くて冷たいハムとご飯の熱さが不思議と合う料理である。お好みでマヨを足してもよい。冷蔵庫前で食べるのが醍醐味。

21

お題
▶冷蔵庫の幽霊

Back from the grave

野菜売り場でどっしりと構え、いつも我々を魅了するキャベツ。しかし、我々はそのキャベツと互角に闘えているのだろうか？

諸君には冷蔵庫を開けるのが怖いということがないだろうか？

「中で三分の一ぐらいのキャベツが腐ってベチョベチョになっているのはわかってます。多分、飲みかけの牛乳も賞味期限切れてるしなぁ。もちろん、もう食べないけど、開けたら嫌になるし、掃除も面倒だし、明日はゴミの日じゃないから、ゴミの日に早起きして、掃除して捨てよ。取りあえず今日のところは寝ます。神様ごめん」

無論、このような人間がゴミのために早起きなどできるわけもなく、そのまま冷蔵庫はゴミを冷やし続けるのである。

冷蔵庫。それは人類の文明がもたらした素晴らしい利器だが、過信するのは危険である。「冷蔵庫に入れておいても、腐るもんは腐る」。このことに気付くのに、そう時間はかからない。ひとり暮らしを一カ月も経験すればわかることだ。なのに、なぜやってしまうのだろうか。

スーパーの野菜売り場には、さまざまな野菜がさまざまな形で売られている。我々はそれらを自分の食事方針や経済状況などを考慮して購入するわけだが、モロヘイヤやほうれん草などといった確かに栄養はあるかもしれないが、薄っぺらくて食べ応えがなく、すぐにダメになりそうな野菜には目もくれず、ズッシリと重みがあり、一個百八十円ぐらいで売られているキャベツに魅せられてしまうのである。

「半切りが百円で一個が百八十円か。それだったら一個買ったほうが、お得と違うの」

確かに一個は割安だし、半切りは日持ちも悪いから一個で買ったほうがよい。しかし一

簡単なのにデラックス

キャベツを半分に切って芯をくり抜き、葉っぱと葉っぱの間に豚バラ肉を適当に詰め込んで、後は塩コショウで味付けして煮込むだけの簡単メニュー。簡単なわりにはボリュームもあり、見た感じも楽しくデラックスなので、ぜひレパートリーに加えたい一品だ。基本的には肉入りがお薦めだが、何も詰め込まずにコンソメだけで煮込んでもおいしくいただける。

個のキャベツとは、我々が予想するよりも量が多く、それを最後まで完全に調理するには、それなりの知恵と技が必要になってくる。炒めものや生だけで飽きているようでは、キャベツを乗りこなすことはできないのだ。

そして飽きられたキャベツは冷蔵庫に放置され、ゾンビ化してしまうのだ。我々はこの悲劇を繰り返さないためにも、キャベツをうまく乗りこなさなければならない。そのためには、まずキャベツという野菜をよく知ることが必要だろう。生でも炒めても茹でても煮てもおいしいし、淡白な味なので、変化がつけやすい野菜、それがキャベツである。実に頼もしい存在だ。ここでの調理法はあくまでも入門編。さぁ、諸君も芯まで愛してやろうじゃないか！

ローリング三段活用

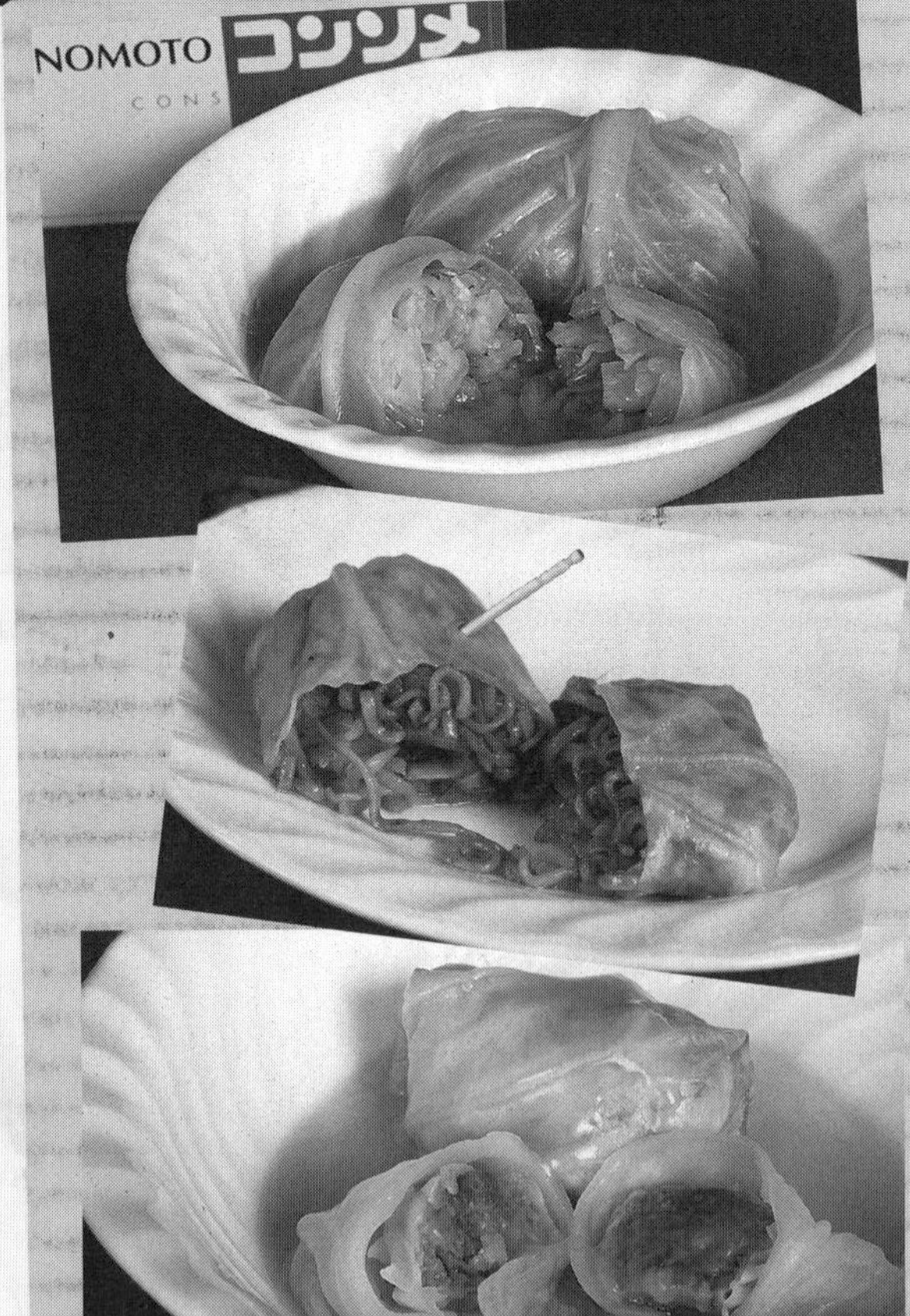

1.キャベonキャベ

醤油で炒めたキャベツの千切りを茹でたキャベツの葉で巻き、コンソメスープで煮込むメニュー。イタリア料理の「なぽりタン」は同じ小麦粉ルーツの麺とパンを合わせたトリッキーな調理法だが、それのキャベツバージョン。一つの野菜を調理法を変えて楽しむメニューだ。もっと大きく変化を付けたい場合は、千切りキャベツを生のまま巻こう。火の通り方が大きく異なるので、さらに変化を実感できるはずだ。

2.Nissin' Roll

焼きそばの具としてキャベツが入ることはよくあるが、このメニューは逆にキャベツで焼きそばを巻いてしまおうというもの。キャベツは茹でた状態で用意しておき、焼きそばは、できれば挽き肉を入れて仕上げておきたい。普段、食べる焼きそばよりも、キャベツの存在が際立つので、食べ応え、噛み応えに変化ができる。日清の5連パックの3袋目などに挟み込むと、残りの2袋へのいい橋渡しとなる。

3.シュー MYロール

フランス語ではキャベツがシューなので、本来はシューシューマイロールであるが、フミヤート・フィルターの進化版を使って「シュー MYロール」としてもよい。シューの中にシューが入っている重ね着料理で、中のシューマイも皮で包まれているので、多層的な味が期待できる。ロールキャベツを作りたいが、面倒はゴメンだという方にピッタリなメニューでコンソメスープで煮込む際に片栗粉をちょっと混ぜてトロトロに仕上げるのがポイント。

キャベ寿司

お好みネタで手巻き

茹でたキャベツの葉を海苔の代わりに使う手巻き寿司。酢飯である必要はなく、中に入れるものも、お好みでOK。ここではツナとマヨネーズにしたが、これにチーズなどを入れてもいいし、ソーセージなどを入れてもよい。キャベツの芯の部分は薄くして食べやすくしておこう。

ソースかっちゃん丼

量が多いという人には

なとりの「ビッグかっちゃん」で作るソースかっちゃん丼。ライスの上にキャベツの千切りを敷き、ビッグかっちゃんをのせてソースでいただく簡単メニュー。ビッグかっちゃんはちょっと硬いので、ライスの柔らかさに近づけたいという人は、しばらくソースに浸すか、煮ると食べやすくなる。パッケージには「おいしさ一人前」とあるので、自分が半人前の人間で、友達も半人前であれば、ちょうど良い分量になる。

キャ冷や

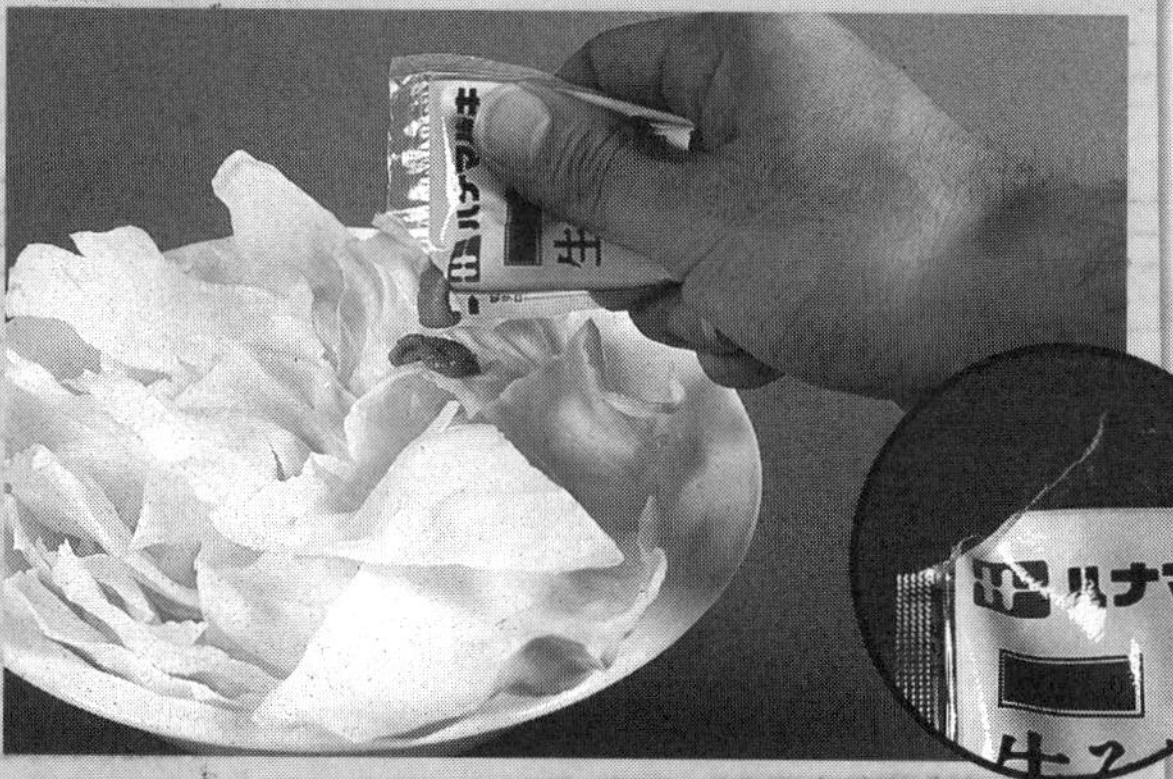

氷で冷やすのも効果的

キャベツをキンキンに冷やしたことがあるだろうか？　普段は野菜室でぬるーく冷やされているキャベツを一度、せめて1/4でもいいのでキンキンに冷やしてみてほしい。それに塩を振って食べたときのシャキッという歯応えは癖になるだろう。葉を1枚ずつ剥がすのではなく、重なったままの状態でかぶりつくのも、歯で葉と葉の間にある空気の層を感じることができ、空手の瓦割りのような快感が得られる。これだけでも充分だが、さらに味噌、できればニンニク味噌を付けて食べると、酒のつまみとしても最高の一品となる。

写真のようなインスタント味噌汁の小袋でもOKだが、切り口を開けるときは、切り取る部分のビニールが残留しないように。味噌がビニールに付き味噌の切れが悪くなるので、不要なストレスを抱えることになるからだ。焦らずゆっくり切り取るか、自信のない人はハサミを用意しよう。

22 お題 ▶韓グリー四男坊
K-cook

韓流ドラマ 冬の四男坊

韓流グルメ＆恋愛＆旅ドラマ
「冬の四男坊」（神楽坂純情篇）予告。
寒がりで暑がり、そして欲張りの
四男坊大活躍！ Coming soon！

トッポギ屋の四男坊は寒がりで暑がり。実家のあるソウルが寒くなれば、暖かいところへ行ってテキ屋としてトッポギ（餅）を売り、逆に暑くなれば涼しいところへ行ってチヂミを売るという生活を続けている。暮らしは楽ではないけれど、自由気ままでいつも笑顔を絶やさず過ごしている。前作の「明洞　カフェバー篇」では、マドンナのリエちゃん（南大門で出会った観光客）とあと一歩のところまでいったのに、ライバルに遠慮して幸せをつかみ損ねてしまった四男坊だが、今回またしても恋におちる。舞台は日本の東京・神楽坂。マドンナは洋食屋の看板娘。物語は常磐線の始発駅、日暮里から始まる。

――キオスクでサキイカを買おうとしている四男坊。

「おばちゃん、七味とマヨはあるかい？」

「いや、マヨはあるけど七味は置いてないねぇ」

「何ぃ？　サキイカとマヨはあって七味はないっての。切ないねぇ」

このやりとりを聞いていた神楽坂の娘が、しゃれた竹細工の七味入れを差し出す。

「お嬢さん、なんでぇこれは？」

「使ってください」

「いや、そいつは困るよ」

「すみません、急いでますので」

「ちょっと、お嬢さん」

名も聞けないまま人ごみに消えていった娘を気にしつつシートに座った四男坊。新聞を広げ、サキイカの袋を開け、七味入れを開けようとしたら、彫刻刀で名前が彫られているのに気付いた。

7	00 二 字 NHKニュース7 HV ▽ニュース▽スポーツ▽気象情報 810 30 S クローズアップ現代 HV 国谷裕子 32162 58 HV 天 834433	00 S スポンジ・ボブ いとしのゲイリー HV 311907 25 S プレマップ 287655 30 S 字 あしたをつかめ 再 HV「青果物卸売業」仮題◇スクスク 30704
8	00 多 字 冬の四男坊「明洞コーリング」（①／全10回）四男坊 次男坊 ペ・コチャン リエ ほか HV デ P85 39926 45 HV 首都圏 N 天 73029	00 S 福祉ネット 365 HV S3 8.00趣味◇25知る楽 30 多 字 今日の健康 インフルエンザ④ HV 833100 45 手 手話 N 8 45 91471 S3 8.50～11.00 S 語学 ほか

「コチャンか……」

そうつぶやいた瞬間、前に座ったのが神楽坂の娘、ペ・コチャンちゃんだった。

「さっきはありがとよ。お嬢さんどちらまで？ サキイカ喰いねぇ」

「いただきま〜す。じつは大好物なの。私は水戸に納豆の買い付け。パスタの新メニューを作るの」

「そうかい、そいつは奇遇だねぇ、俺も水戸だ」

四男坊、実は松戸の競輪場に行くところだったが、思わず水戸と言ってしまった。新聞は畳んでポケットに入れたが、赤ペンは耳に差したままだった。

常磐線は走り出す。四男坊、恋の行方はいかに……。


今回も欲張りで食いしん坊な四男坊の大好物満載！ ソウルで育った四男坊のソウルフードも食欲をそそる！

さらに新シリーズ「夏の四男坊」（四SUMMER）も製作決定!! Don't miss it!

안녕하세요 아가씨
(アンニョンハセヨ　アガシ)

ペ・ヤング（キムチ味）

若いうちは超大盛りで！

ヤング時代の四男坊がよく食べたペ・ヤングのキムチやきそば。写真はスタンダードサイズだが、お腹が減っているときは、麺が2食分入った超大盛りバージョンを食べていた。もともと付いているソースを使った上で、キムチの素を足すのもいいが、ソースなしでキムチの素とかやくでもおいしくいただける。

ペ・ペロンチーノ（にんにくキムチパスタ）

暑がり四男坊の定番

寒がりの四男坊は、暑がりでもあるので、誰よりも早く夏バテになる。そんなときに食べていたのがこのメニュー。体力と食欲が落ちているときにお薦めのパスタだ。にんにくとキムチが身体にパワーを呼び戻してくれるのと同時に、絡めた韓国海苔のゴマ油が、食欲をアップさせてくれる。

ペ・ソネ（キムチ鍋）

寒がりでもある四男坊の大好物

小さいころに親戚のソネおばさんが、作ってくれた鍋。パスタと白菜、そして豚肉が入る鍋で、もちろんキムチ味。たまに豚肉が白身魚になったり、トッポギ（餅）が入っていることもあった。今でも思い出してよく作っているが「ソネおばさんの味はなかなか出ないんだよねぇ」とのこと。とにかく非常に暖まる鍋で、冬はもちろん、夏でも汗だくになって、ふぅふぅ言いながら食べている。

塩っ・ぺ(クッパ)

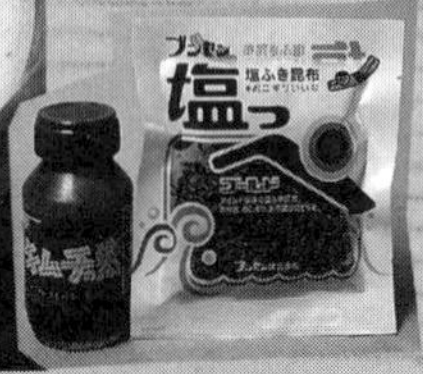

リエちゃんのおふくろ便を使って

南大門で出会ったリエちゃんは、日本の大阪出身で当時は東京で暮らしていた。塩っぺは西日本を中心に販売されている塩昆布で、東日本ではあまり売ってない。塩っぺが好物だったリエちゃんはおふくろ便で送ってもらっていた。リエちゃんが風邪でダウンしたときにお見舞いに行った四男坊がこの塩っぺを使ってクッパを作った。それが塩っ・ぺだ。キムチ味で身体が暖まり、リエちゃんの風邪は治った。感謝はされたが、結局、恋は成就しなかったので、思い出としてはしょっぺぇものとなった。

ペ・リエ(マッコリの炭酸ソーダ割り)

学生時代のほろ苦い思い出

四男坊が明洞のカフェバーでバイトしていたときに、ガールフレンドのリエちゃんのために作ったカクテルのペ・リエ。リエちゃんは、その後ワイン好きのすかした野郎ソムと結婚してソム・リエになってしまったが、このカクテルは思い出してたまに飲んでいる。リエちゃんを巡って、ソムと料理対決をし、「ミョン丼」で勝ったにも関わらず身を引いたほろ苦い思い出とマッコリの甘ずっぱさで深みのある味わいだ。

ペ・タジー煮(ヤクルトVS.ロッテ)

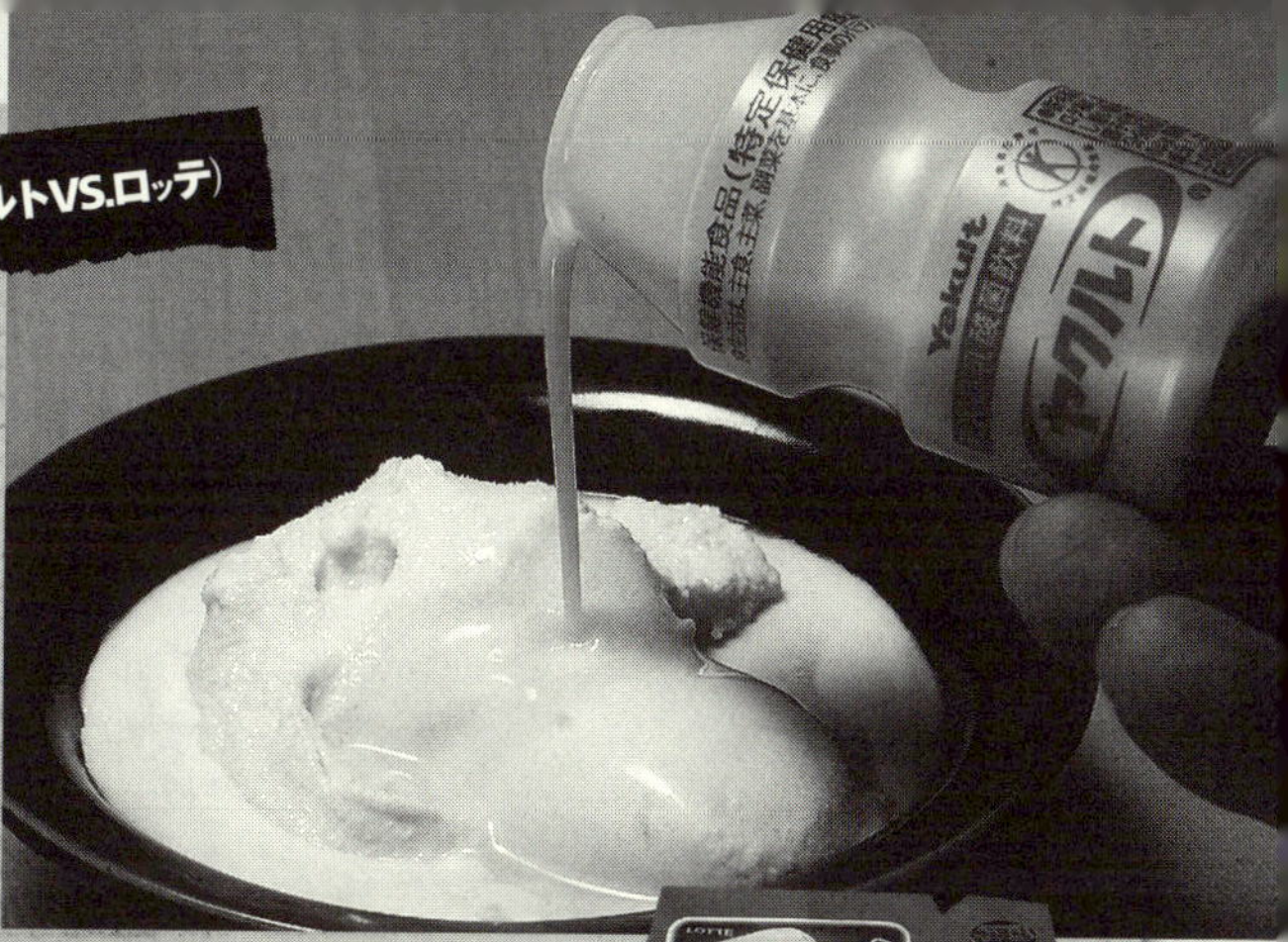

思い出すけつバット

四男坊は幼少時、父親の仕事の都合で日本に住んでいたことがある。その間、母親がヤクルトレディーをしていたので、よくヤクルトのオープン戦チケットをもらってきていた。四男坊も野球はやっていたが、キャッチャーばかりさせられるのと、次男坊のけつバットが嫌で観戦するほうが好きだった。ペ・タジー煮は神宮球場で食べた思い出の品で、ロッテのアイス爽に温めたヤクルトをかけて食べるもの。これもよく次男坊に「ペ・タジー煮買ってこい」といって走らされた。今では次男坊とも仲が良く、当時を思い出して一緒に作って食べている。「ペ・タジー煮はたまに熱くなるから扱いが難しいんだよね」とのこと。

にぎりっ・ペ(韓国海苔おむすび)

大事なことを教えてくれた

ゴマ油の香りが食欲をそそる韓国海苔おむすび、にぎりっ・ペ。母親に教えてもらった一品だが、握り方と同時に、目上の人に対する敬意の払い方も教わった。「いいかい、四。友達に握るときは、にぎりっ・ぺでいいけど、目上の人に握るときは、おにぎりっ・ペと言うんだよ」

マドンナのペ・コチャンちゃんはいつも腹ぺこちゃん。

23 お題
▶上京カレー物語

TOKYO
Curry
life

男は黙って世知カレー

カレーがいかに優れているかを今一度確認しその実力、魅力を最大限に活かす方法を考えよう！カレーはきっと応えてくれるはずだ！

たとえば今、隣にビンボーな友達がいるとしよう。その友達が「僕、カレー好きのビンボーです」もしくは「俺、ビンボーでカレー好き」と言ったとしても、何の違和感もないと思わないだろうか。少なくとも「プロヴァンス風料理好き」よりは納得がいくだろう。逆にカレー好きのボンボンというのも不思議ではない。このことは、もはやカレーという食べ物が日本国において広い階層に開放された料理になったことを示している。カレーも日本に持ち込まれた当初は高級料理として扱われ、食べられたのは、富豪たちだけだったはずだ。それが、他の洋食たちとの戦いに勝ち続け、ここまで広い階層に浸透して、今日の地位を獲得したのである。

　その「落ちてきてくれた」理由には、大きなものとして「ライスにかけて食べる料理」ということが挙げられよう。ビンボーな者にとって、重要な課題は、いかに少量のオカズでライスを胃に送るかである。カレーは食べる人の任意でライス量の設定ができる上に、他の料理に較べて味が濃いので、少々ライスの量を増やしたところで、びくともしない実力があるのだ。諸君も「ライスだけちょっとお代わり。エへ」といって、配分が合わなくなり、カレーだけが残った皿を差し出すという光景を目にしたことがあると思う。それはつまりそういうことなのだ（ちなみに最後の「エへ」はライスとカレーのペース配分に失敗したための照れ）。

　さらにレトルトの登場も挙げられる。ルウを使って少量のカレーを作るのは面倒だし、困難なのだが、レトルトなら一人分を三分で作ることができる。このレトルトの登場で、カレーは家庭から単身のビンボーまで広がったのである。

　また、他の料理との相性の良さもある。うどん、スパゲティ、ラーメンなどの麺類から、パンなどの穀物系、ジャガイモなどの野菜、スナック菓子まで幅広く受け入れてくれる料

釜カレー

ライス残りのリスクを回避

「米2号分くらい食べたい」というようなとき、普通にレトルト・カレーをライスにかけて食べる方法ではペース配分が難しく、よっぽど上手く進めないと、最後はライスだけを食べるハメになってしまうだろう。そんなときに使える技がこの「釜カレー」だ。米2合分に対してレトルト・カレーを一袋入れ、水を2合分のところまで足してスイッチを押すだけの簡単メニュー。完成品は味が隅々まで浸透しているのでカレーのようにペース配分に気を使うことなく安心して食べ進められる。味もあっさりしていてカレーライスとは別の楽しみ方ができる。

理。それがカレーなのである。
さて、今回了紹介するのは、主にレトルトカレーを使ったメニューである。レトルトと一口にいってもS&Bの高級なものから、めいらくなどの安価なものまで、階層が存在するので、慎重に選びたい。また、料理はあくまでも参考例であり、組み合わせや調理法はいくらでもあるはずだ。諸君には諸君のこだわりもあることだろう。

こだわりといえば話は少しずれるが、諸君は日清「カップヌードル　カレー味」にお湯を入れるとき、メーカー側が推奨する「内側の線」を守っているだろうか？　アンケートを取ってみたところ「低め」「ちょっと低め」が合わせて八割に達した。念のためにカレー以外の味を聞いたが、それは「内側の線」だそうだ。このようにカップヌードル一つとっても人それぞれに「俺（うち）の線」を持っているのである。だから諸君は諸君で自分のカレーを追求してほしいと思う。

一袋のレトルト・カレーには無限の可能性が秘められているのである。

コラボカレー

バーボン
（バーモント×ボン）

「レトルトだけだと足りないのではなかろうか」「ちょっと辛めに調整したいな」というときに役立つ増量&ミックスの技。ただ、ルウはなかなか溶けにくいのでレトルトパウチを鍋に入れた時点で口を開けて入れる必要がある。できあがってからも、袋の中を充分にかき混ぜて味を整えよう。また、味が濃い場合は水で調節しよう。

ポケボン
（ポケモン×ボン）

二つとも箱入りレトルトで、しかもポケモンのほうはハイパーカードなる、食べられないものが入っているので、心に余裕のあるときに試してみたいコラボカレーだ。化け物と熟女のコラボなので、凄い味になると思われがちだが、どちらもビーフで相性は良く、ポケモンが甘めなので、ちょっと引っ張られる程度で上手くまとまる。

サッポロ一番カレー味

両方の味をそれぞれに主張

正確には「サッポロ一番ざる風塩カレーラーメン（スープ付き）」。ただし、ざる風とあるが、つけ麺として食べるのではなくスープはスープとしていただく。普通に袋ラーメンを作ると見せかけて、麺だけを抜き、そこにレトルト・カレーをかけて作る。麺はお湯で戻すのではなく、粉末スープで煮込んだほうが、できあがりにひと味効いて良いだろう。塩ラーメンにカレーをかけただけの「カレーラーメン」よりは両方の味を活かすことができるので、面倒でもこの作り方を試してほしい。

いぼカレー

ほんのり塩味で上品に

米がないときの代用として、麺類を使うことは多いと思うが、大抵はスパゲティで無難に済ませてしまいがち。揖保乃糸をはじめとする素麺は茹で時間も短く、スピーディに食事をしたいときに重宝する。また、水にさらしてから食べるので、カレーは熱く、素麺は冷たくというように、つけ麺風に食べられるのも素麺の特徴だ。

スパゲティ・ボンカレ

「カ」の部分は小さめに発音しよう

「スパゲティは茹で時間が長くて嫌だ」と思っている人もいるかもしれない。確かに袋ラーメンやうどんに較べると9～11分は長めだが、白米を炊くことを思えば1/3のスピードである。ただしフォークやお箸で食べるのは、絡みの問題で、ちょっと難しいので、スプーンも併用したほうがよいだろう。「ボンカレ・スパゲティ」と呼んでもよいので「昨日、何食べた?」と聞かれた場合は「カ」のところだけ口を小さめに開けて発音しよう。

24

お題
▶反バーガー

My room burger

どなるどん
“どん”はおいどんや西郷どんの“どん”。米国のヤンキーを間違った解釈で表現した大宮のヤンキー。

「ハンバーガー二個とコーヒー」。一食三百円。ここで思考停止するな。バーガーを分解し定食を考えられるようになれば、世界は一気に広がる!!

「店内でお召し上がりですか？」

バーガーショップで、店員（クルー）が、まずハッキリさせたがる事項だ。不慣れな客が「えーと、チーズバーガーと……」などと、この確認事項を飛ばして注文を始めようものなら、遮るように、この質問を浴びせてくる。相手が客じゃなければ、キレ気味に「だからぁ」と頭に付けそうな勢いだ。人を軽く馬鹿扱いするほど、店内か持ち帰りかは重要なことなのかとも思うが、おそらく、オーダー時間を短くし、効率よく済ませたいという理由や、レジで最初に押さなくてはならないボタンがｉｎかｏｕｔで、それを押せない状態で注文をされても次に進めず困るという理由があるのだろう。諸君はこの質問に安易に「イエス」と答えていないだろうか？　たしかにアメリカ人の考えた合理的なファーストフードは、すぐに食べるのが理想だろうし、一刻を争うビジネスマンにとってこのスピード感はありがたいだろう。しかし、たとえば「ベーコンエッグバーガー」を注文して、ベーコンエッグとハンバーグのオカズに対してパン一個で許していいものだろうか？何か大切なことを忘れていないだろうか？おそらくそれは、ハンバーガーという、主食とオカズが一体化して完成する食べ物を分解して考えられなくなっているからだろう。ハンバーグとベーコンエッグという、相当な実力のあるオカズに対して、パン一個で許されるわけがない。このことに早く気づくべきだ。ラーメンの替え玉のように、替えパンがあるなら話は別だが、今のところその制度はない。これは、もうお代わりができる環境、もしくはライス環境に持ち帰るしかないではないか。諸君もｔａｋｅ ｏｕｔに切り替えて、ハンバーガーをさばいてみよう！

ドナル丼
（マクドナルド　ハンバーガー）

具のバーグを丼に!

マルシンやイシイのハンバーグが約100円だということを考えるとマックのハンバーガーやソーセージマフィンの安さを実感できるだろう。そこで、カツ丼を作る要領で、ハンバーグや玉ねぎ、ピクルスなどをフライパンで溶き玉子でまとめて丼にしたのが、このドナル丼だ。このメニューで丼めし一膳分を消費すると、これまでの自分がいかにバーグを甘やかしていたかを痛感するだろう。

ファッキン定食（暫定）
（ファーストキッチン　ベーコンエッグバーガー）

ライスを多めに用意して対応

ファーストキッチンの代表的なメニューである「ベーコンエッグバーガー」（290円）を解体し、ライスと味噌汁を合わせた定食がファッキン定食。ハンバーグとベーコンエッグという、強いオカズなのでお代わり用のライスも多めに用意してペース配分で不安にならないようにしておこう。ちなみに本当はファーストキッチンの略をファッキンとすることについて、100パーセント納得はしていなくて、もちろん普段、自分ではそう呼んでいない。それは言葉としての品を問うているのではなく、略として無理があるというか、ルールに乗っとらずに強引に略している気がするからだ。つまり、キッチンをキンとすることに違和感をおぼえるのだ。これを良しとするなら、システムキッチンはシスキンになるが、システムキッチンを略すとしたら、使う使わないは別にして、シスキチがルールだと思うのだがどうだろう（小さい「ッ」は飛ばしてもよい）。しかし試しに「ファッキン」で検索をかけてみると、トップでオフィシャルホームページがヒットしたので、公認もしくは黙認の略なのだと判断し、暫定的にファッキン定食とした。会社としてはファッキンで検索した人も拾わなければ、商売として良くないと判断した苦渋の選択だったのだろうか……。いつかこの問題が解決し、メニュー名が決定することを願っている。

モスつくね雑炊
（モスバーガー　モスライスバーガーつくね）

ライスの増量で希望が見える

モスバーガーのライスバーガーシリーズは焼肉、きんぴら、つくねとあり、どれもおいしいのだが、どうもその存在理由が不安定な気がしないだろうか？　片手でライスとオカズを同時に食べることによって、新感覚が得られることもあるだろうが、別に歩いて食べるわけでもないし、同時性ということなら、丼でもよい気がする。値段的にもカルビ焼肉のライスバーガーは350円と牛丼とほぼ同額だ。このようなことを考えると、何らかの方法でチューンナップをしなければ手を出せない品になってしまう。そこで、雑炊だ。ライスを増量し、最後に溶き玉子で仕上げれば、誰もが納得する雑炊が完成する。つくねからいいダシが出るので、最後に塩で味を整えれば優しい味を楽しめる。

ポテト三段活用

①

②

③

①コンソメポテトスープ
（ファーストキッチン　コンソメポテト）

ファーストキッチンのフレーバーポテトの一種であるコンソメポテトを煮込んでスープにしよう。チキンの旨味と玉ねぎの甘みがスープに活かされるので、ファッキン定食に合わせると最適だ。

②ポテトサラダ
（ファーストキッチン　ポテトS）

ポテトを持ち帰ると、家に着くころにはフニャフニャになって全然嬉しくないということがないだろうか。そんなときはコンビーフとマヨネーズをあえてポテトサラダにしてみよう。コンビーフ予算が捻出できない人はマヨだけでもよい。

③ポテトグラタン
さらに余裕のある人はサラダにマカロニを足してグラタンにしてみよう。マヨネーズとケチャップさえあれば適当に味つけをし、トースターで温めればグラタン風にいただける。やや焦がすように仕上げると香ばしさを楽しめるだろう。

パンバーガー

包み紙も取っておく

お気づきの方も多いかもしれないが、ハンバーガーを解体してライスや味噌汁にあわせたりすると、どうしても余ってしまうのが、パンなのである。"なかったこと"にして食前か食後に食べ、知らないふりを決め込むという手もあるが、もっと有効に使いたいという人は朝食にしてみてはどうだろう。あまったパンを元の包み紙に戻しておくと、時間のない朝などは、そのまま通勤通学路で食べながらということができ「マックを食べててスマート」と思われるかもしれない。ただし、その場合、上下のパンをキッチリ重ねておかないと"素バーガー"がバレてしまうので気をつけよう。出っ歯や受け口の人はズレやすいので、特に注意が必要だ。

25 お題 ▶風邪に吹かれて

A cold is expensive

貧乏生活の大敵 風邪は高い!!

¥1785
高級風邪薬「カコナールプラス感冒薬」（山ノ内製薬）。1785円なのにおいしくなくて、空腹も満たされない。

ひとり暮らしのビンボー神、それは風邪。収入は途絶え、金はかかる。いわば贅沢な余暇だ。〝風邪気味〟のスウィートな思い出は捨て去り、治療食、予防食をマスターしよう。

「風邪気味で休みます」

思えば少年時代、この理由で何回学校を休んだだろう……。

あのころの風邪はよかった。もちろん学校には行かなくていいし、暖かい部屋の暖かいベッドで寝ていれば、温かく看病してくれた。ご飯の心配もいらないし「喉が乾いた」と言えばジュースを運んでもらえる。さらに普段は口にすることがないようなデザートも用意されたりした。

このような経験をすると「風邪はよいかも」と感じるようになる。ただし本当に風邪をひいたら身体が辛い。「なんとか風邪の〝うま味〟だけを得る方法はないものか」と考えたのが、風邪気味の〝気味〟だったのだ。これがたとえば、水ぼうそうやおたふく風邪だと目に見える症状があるので、「おたふく風邪気味で休みます」という理由は困難だと思われる。しかし、風邪にはそのような、立証するのに必要な外見上の条件が少なく、リアルな咳の練習と元気のない感じさえつかめばよかったのだ。

「熱はないから風邪だと断定はできないものの、咳は出るので風邪かも。だから大事をとりたいです」というのが〝気味〟だったのだ（ちなみに、咳の代わりに、喉が痛いや関節が痛いなど、その年の流行をいち早く取り入れ理由に掲げると説得力が増す）。

こうして、風邪のうま味だけが擦り込まれて成長した人も多いことだろう。しかし、このような人間がひとり暮らしで本物の風邪をひくと「風邪は敵だった」と思い知らされることになる。本物の風邪なのに優しくしてくれる人もデザートもなし。まぁ、ここまで

¥1800
1800円の寿司（新宿大江戸寿司）。おいしい。風邪をひくと、これを食べ逃した計算に。

¥147×12=¥1776
カップヌードル（日清食品）12個。12食分を費やす風邪は高価な買い物だ。

高級な風邪をひいた患者が集う高級病院。高給の医者が優雅に診断しているとの噂。

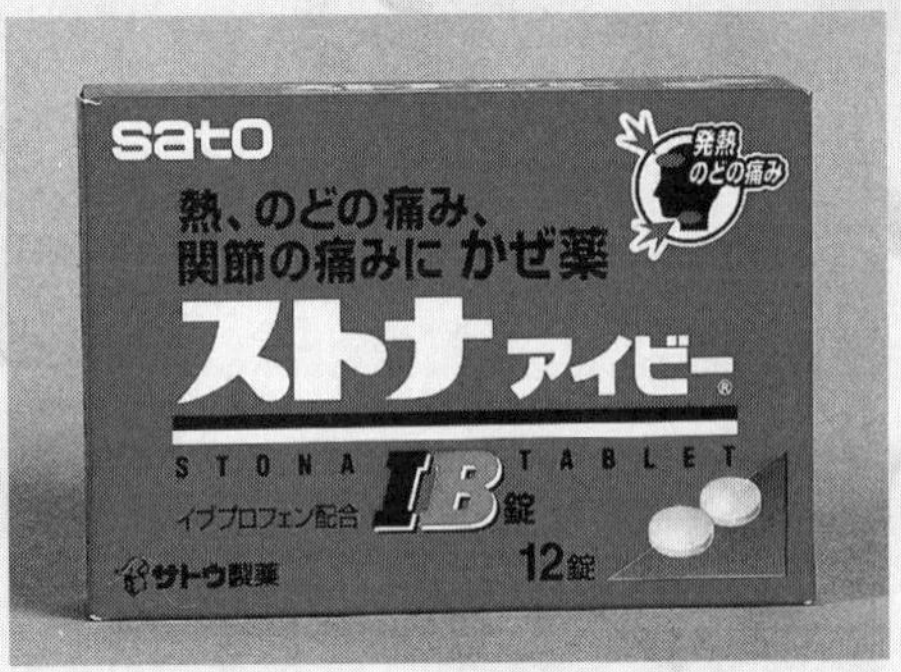

“安い”風邪薬ストナアイビー。箱のデザインもシンプル。このあたりは百均のさけふりかけに通じるところがある。

はよい。しかし、ここにビンボーという要素が入ると風邪は「敵」から「大敵」になってしまうのだ。仕事を休めば給料なし。自炊もできなくて弁当などになり「寝てるだけで治らないかな」という希望も打ち砕かれ、動けない身体で薬局に行き「こんなにするのか」と思いながら高い薬を買う。そう、風邪は高いのである。つらい思いをして高価な買い物をするという自覚が必要なのだ。

そこでここでは、そんな高級品である風邪を予防・治療する料理を紹介しよう。それぞれの症状に合わせて使い分けるようにしよう！

かかってしまったら……

●安い風邪薬

ビンボーなのに風邪をひいてしまったとき、まず行くのは薬局だろう。薬選びでは症状などに合わせるのも大切だが、価格も重要な条件だ。「なるべく安く治したいんですけど……」と心の中で願う人も多いだろう。しかし、風邪薬はカウンターの中にあることが多く、吟味するのは困難。無防備に症状を伝え、薬を出されると「いくらですか？」と聞くまでドキドキして心臓にも悪い。風邪薬の値段が原因で心筋梗塞になるのは避けたい。そこで安く入手できる「ストナアイビー」(佐藤製薬)を紹介しよう。これは「カコナール」よりも約九百円安く会社も有名。指名買いだと「サトちゃん好きか」や「この人にはこれが効くのか」と思われ「安く」という思惑は悟られまい。

●高級品、病院

風邪をひいたら病院に行って注射を打ってもらうのが治療への早道という考えもあるだろう。確かにそれは正しいし結果的にはそのほうが早いかもしれない。しかし治療費はいったいいくら積めばいいのだろう。風邪には千円で治る風邪もあれば五百円の風邪もある。その見極めが重要で、医者が必要な場合もあるが、一番はやはり早い段階で、ネギや生姜などを食べてお腹を満たし、なおかつ風邪も治すことだ。

クシャミ3回ネギ3本
(ネギ、ゴマ、ニンニク)

解熱効果、安眠効果

もしも、まぶしい、噂されているかもしれない、コショウを振りかけられた以外の理由で、クシャミが3回続いたら要注意。風邪をひいているかもしれないので、早めにスーパーでネギを3本買ってこよう。「日本の風邪にはネギが効く」。昔の人は風邪をひいたらネギを首に巻いて寝ていたそうだ。これはおまじないではなく、ちゃんと根拠がある。ネギの匂いには安眠効果があり、食べると高熱によって消費されたビタミンBを補ってくれる効果があるそうだ。この「クシャミ3回ネギ3本」は、その効果をねらった料理で、千切りにしたネギをゴマ油と塩を混ぜたもので和え、上におろしニンニクをかけて食べるメニューだ。ニンニクとゴマにもネギと同様の効果があるので最強である。また、「良薬口に苦し」ではなく、味も良いので、風邪をひいてないときでもライスと合わせたり、おつまみとしても使うことができる。3本食べ終わるころにはクシャミも出なくなっているはずだ。

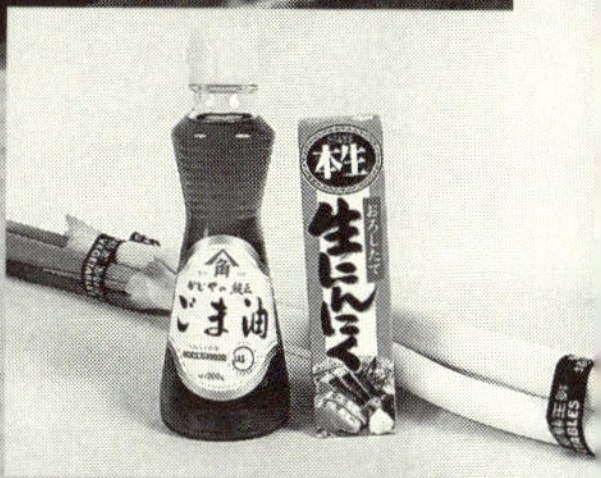

風邪ひいて万年床
(レモンティー、おろし生姜)

解熱、ビタミンC

風邪が悪化してほとんど寝て過ごしている人は、この「風邪ひいて万年床」。食欲もなく、お湯を沸かすことすら面倒に感じられるが、かろうじてチューブを絞ることぐらいの体力が残っていれば、レモンティーに、おろし生姜を入れて飲もう。フタを閉めて振りやすいので、缶ではなくペットボトルにしよう。

風邪の悪寒？いや酒のお燗（玉子、酒）

保温効果、たんぱく質補給

風邪をひくとビールは冷たくて、あまり気がすすまない。でも、飲むのは続けてることだし、何か飲まないと気が済まないし、間も持たない。そんな人には「風邪の悪寒？　いや酒のお燗」。ワンカップの日本酒に玉子を入れて燗をするもので、温まるし良く眠れるし、玉子が身体に悪いわけないしで三拍子揃った薬。気分が良くなったらお代わりしよう。

咳、声、喉に大根飴（大根、はちみつレモン）

解熱、喉の痛み

風邪のひき始めで、喉がちょっとおかしい、というようなとき、本格的な薬を買うほどでもなければ、このメニューを試してみよう。作り方は大根を輪切りにして、はちみつレモンに漬けるだけ。皮にも栄養があるので剥かなくてもOKだ。また、大根は長いので30円分で治ったとしたら、そのあとはおいしくいただくことも可能。はちみつレモンは入手が難しくなりつつあるので、近所でチェックしておこう。

風邪に朝のチューカ、お帰りのチューカ（ニンニク）

解熱効果、発汗作用

中華好きで、特にニンニクが好きな友達はいないだろうか？　もし、いたとして、その友達が風邪で寝込んだことがあるだろうか？　もちろんないはずだ。病弱な中華好きやニンニク好きは想像できない。ということは中華は風邪によいはずだ。朝夕薬代わりにニンニク餃子を食べてみよう。中国四千年のパワーが風邪を吹き飛ばしてくれることだろう。

かかったかなと思ったら（ネギラーメン、煎茶スープ）

解熱効果、ビタミン補給

ひとり暮らしで風邪をひくと面倒なのが食事である。とても米を炊いてオカズを作ってという自炊はできないし、かといって外食に行くのもしんどい。しかし、そのまま空腹が限界に達すると体力も落ちているので、立ち上がるだけで意識が遠くなることもあるし、それが夜だとすると“死”を感じてしまうたりする。そうなる前、コンビニまでたどり着ける体力が残っているうちに何か食べるのが最善策だ。そこでこの「かかったかなと思ったらネギラーメン」。カップのネギラーメンに緑茶のティーバックを入れて作るメニューで、温かいスープに喉の通りがよい麺、さらにネギとビタミン豊富な緑茶もまとめて摂ることができる品なのだ。カップ麺は保存が効くのでかかったかなと思ったらストックしておくのもよいだろう。

26 お題 ▶みんな揚げちゃう

Super fly

I LOVE 油《ユ》、OK

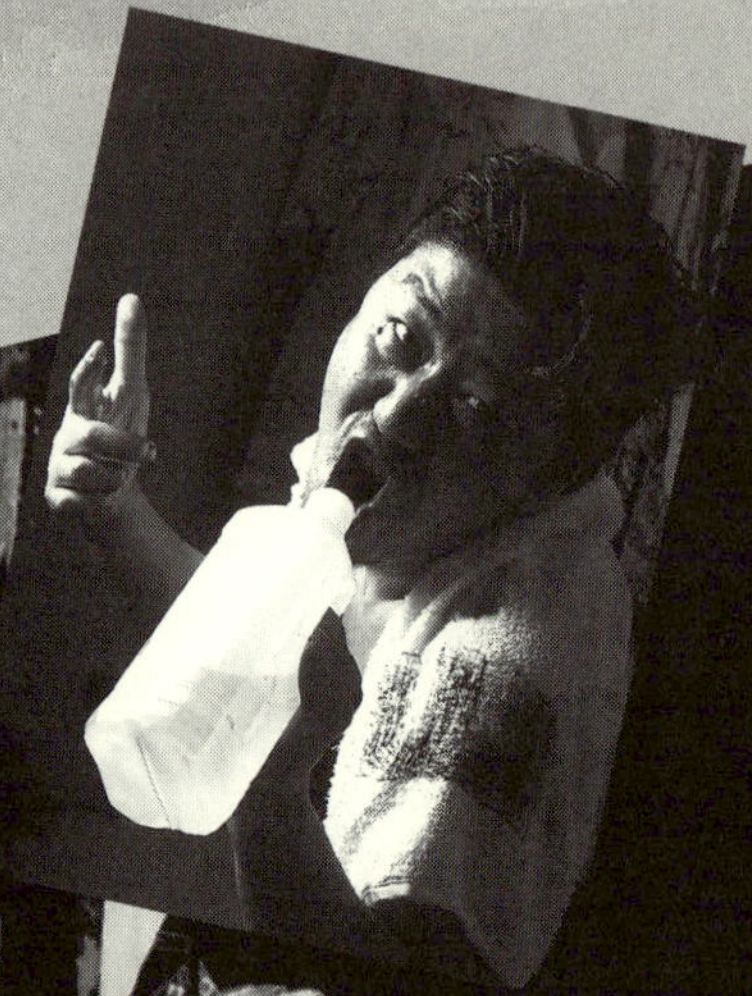

M.GOSHIMA
キャロリーボーカル。ライブに備えて、ボイストレーニングと油の補給は怠らない。

冬の入り口に最適な揚げもの。油を使いすぎることへの恐怖を抱える人こそぜひお試しあれ！

諸君は揚げもののことをどう思っているだろうか。「いっぱい油使うし、あまったら、どうしろって言うのよ！」や「なんか面倒な感じ。温度とか難しいんじゃないの」「油って脂ぎってるとかオイリーっていうイメージ」といったところだろうか。やれやれ、それでは先が思いられますよ。たとえば、今が冬の入り口だとしよう。何か温かいものを食べたくなって、一番に思いつくのは鍋だろう。

確かに鍋ものを食べると、身体の芯から暖まる。だが、冬の入り口時点で最暖のカードであるA（エース）を登板させていいだろうか。もっと寒くなるまでとっておかないと、とても越冬などできないと思われるのだ。雨が降ってきたからといって、いきなり最速のワイパーを使うだろうか？「これより速いのねーよ！ もっと降ったら前見えねぇ」となるだろう。じつは先日、横チン（P132参照。現在は縦チンに改名）が家に来たのだが、ガスストーブをつけていることに仰天していた。自分としては、本当は出力をオールにしたいところを、もっと寒くなったときのことも考えて、ハーフで辛抱していたのだが、横チンは「これぐらいだったら〝厚着レベル〟ですよ」と人のことを根性なし扱いして、汗ばんでいた。これには半笑い（ハーフ）で対応するしかなかったのだが、つまり、冬の入り口から本格的な鍋ものを食べていると、思わぬ中傷を浴びせられる危険性があるということだ。

そこで、お薦めしたいのが、ハーフ鍋としての揚げものだ。「鍋」としたのは、先にも挙げた「油をいっぱい使って」という不安（オイル・ショック・シンドローム）に向けたもので、ここでは毎日揚げものを食べて、油が減ってきたら注ぎ足し、飽きてきたら足さずに最後は炒めものに使う作戦だ。揚げものは、連投すると使い切ることができ、ランニングコストが下げられる。さぁ、女子は「みんな揚げちゃう♡」男子は「アイ・ラブ・油、OK」で、冬対応の身体を作ろう！

モチあげ（よいしょ）

とにかく褒めて褒めて褒めまくる

モチを油で揚げるという単純な料理だが、コツとしては、とにかくよく褒めながら揚げてあげること。褒めれば褒めるほど、伸びるタイプのようで、どんどん膨らんでくれる。褒め言葉としては「よく膨らむねぇ」だとか「いい色だねぇ」などがいい。そうすると、油の中でプシューといって中から袋が出てくるのだ。モチを揚げるというと、オカキのようなものを想像する人もいるかもしれないが、写真のような状態だと、膨らんだ部分はオカキに近いが土台の部分は、まだまだモチっぽさが残っている。モチあげは調理中も食べるときも、わりと楽しいので、お正月で普通のモチを食べ飽きたときや、何か楽しいことがないかなと思っているときに試してみると良い。また、12月中にフライングぎみのモチがおふくろ便で届いたときも、対抗手段としてフライングするという手もある。「あまり膨らんでくれず楽しくない」。もしくは「もっとオカキっぽく食べたい」という人は、モチをちぎりながら揚げ、さらに褒めちぎると効果が期待できるだろう。

あげまん

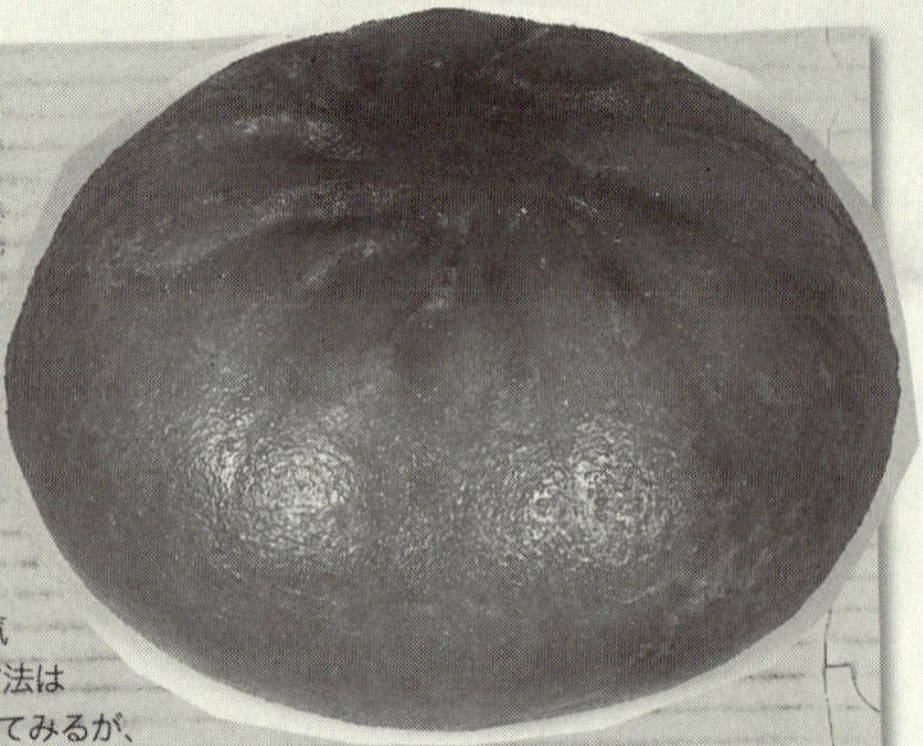

オリジナルより 喉の通りが良い

冬の帰り道で寄ったコンビニ。思わず肉まんを買って家に辿り着いたが、部屋に入った瞬間に彼女からの電話。はじめはたわいない話だったが、だんだんと仕事の愚痴になってきて、長時間コースになってきた。こんなときにスパッと一刀両断するような答えができたらいいのだけど、もう30分を超えてしまった。そろそろ肉まんの冷め具合が気になってきた。「肉まんが、肉まんが……」。彼女は真剣な話をしているので、とてもじゃないが「肉まんが冷めるから」や「肉まん食べてからかけ直す」とも言い出せない。「こんなことなら、歩きながら食べれば良かった。なんとか気づかれずに食べる方法はないものか」と考えてみるが、喉の通りがあまりにも悪そうだし、お茶なしだと薄皮みたいなのが口の中の上の部分に引っ付いて、水分を持っていかれそうだ。頭の中は肉まんで一杯になり、何を話しているかわからない。「あっ、ピザ来たから切るね。バイバイ」という彼女の言葉で我に返った……。このように油を売ってしまったために、しぼんだ肉まんを食べるのは辛い。油は油で返すべきなので、あげまんで食べよう。彼女への思いも込めて。味はオリジナル以上!

あげ珍

珍味の出世物語。定食に変珍

なとりの珍味「つまみ鱈」は鱈子のタラちゃんのように子供ではなく、大人のスケソウ鱈（スケ珍、または珍スケ）である。三枚におろして、つまみやすく、食べやすいサイズにされているので、小さい鱈子よりはランクは上だ。ただ、珍味・おつまみ業界には、甘栗や枝豆などの「むいちゃいました」系（むけ珍）が登場し、食べやすさで存在が脅かされている。まだまだ、上を目指して努力しなければならないだろう。そのような意味を込めて、この「あげ珍」はどうだろう。これはつまみ鱈をそのまま油で揚げたものなのだが、揚げ時間が短く素早く完成するわりには、つまみというより、唐揚げのようなおかずに変身してしまうのだ。つまり、つまみ鱈では不可能だったライスをあわせての定食が可能になるのである。できあがりには塩をふると、よりいっそうおいしくいただける。なお、珍味シリーズには他にもヤリイカのヤリ珍やサキイカのサキ珍、カワハギの珍カワ、貝ヒモのヒモ珍などもあるので機会があったら試してみよう。いずれにしても普段は調理しづらく面倒なため、不足しがちな魚介類が定食として食べられるので、ぜひ試してほしいメニューである。

カツあげ

ギリギリまで攻める調理法

市販のサンドウィッチをそのまま揚げるという簡単メニュー。カツを二度揚げすることになるので「カツカツ」と呼んでもよい。しかし、ここで揚げるのは主にパンのほうで、サクッとした歯触りを得るための作業である。揚げる時間も短くてパンがこんがりキツネ色になるころに引き上げると、ちょうどいい具合だ。今回使用したのはハムカツであるが、ロースカツサンドやチキンカツサンドでもOKなので、余裕のある人はそちらを使っても良い。また、カツオフレークのサンドウィッチならカツカツをキープできる。作り方のコツはよくゆすること。そうすれば油が均等に浸透して素早くカツあげできるだろう。ただしゆすり過ぎは相手が焦げ付いてしまうので禁物。引き際が大切だ。

あげスパ

ロープワークで変化をつけて

夜中の3時頃にテレビを観ていると、なんとなくそれに合うつまみが欲しいと思うことがないだろうか? 口寂しいというのではないが、何かつまめるものがあったほうが、もっと楽しめる気がするのである。ナイターとビール&枝豆のようなものだ。季節が夏であれば、コンビニダッシュもする気になるが、冬だとそうもいかない。そんなときにピッタリなのが「あげスパ」だ。茹でたスパゲティを揚げるだけのお手軽メニューだしスパゲティだと、買い置きもそんなに苦ではないし、負担にもならない。結び目を作って揚げると見ても楽しく、歯触りにも変化ができるので、本結びやあやつなぎ、水引きなどいろいろなロープワークをマスターしておくと良いだろう。「ふん、そんなボーイスカウトじゃあるまいし」という大人の人は夜の結び方&縛り方でもいいかもね。塩、コショウでどうぞ。

UFOフライ

ターボ付きの湯切りがポイント

揚げ焼きそばは、そのパリパリとした歯触りが心地良いメニュー。ただ本格的に作るのは面倒。「気軽に安く食べたいな」という人は、この「UFOフライ」。お湯を入れて柔らかくした麺をそのまま揚げて、でき上がりにソースをかけて食べるのだが、数ある焼きそばの中でUFOブランドをチョイスするのは、ターボ湯切りがあるから。他の商品だと湯切りが不十分になる恐れがあり、湯が油の中に入ると、思わぬ事故につながる恐れがあるためだ。揚がったらソースをそのままかけても良いが、どうしてもあんかけが、という人は、カヤクとソースを、お湯で溶いた片栗粉に混ぜてかけよう。

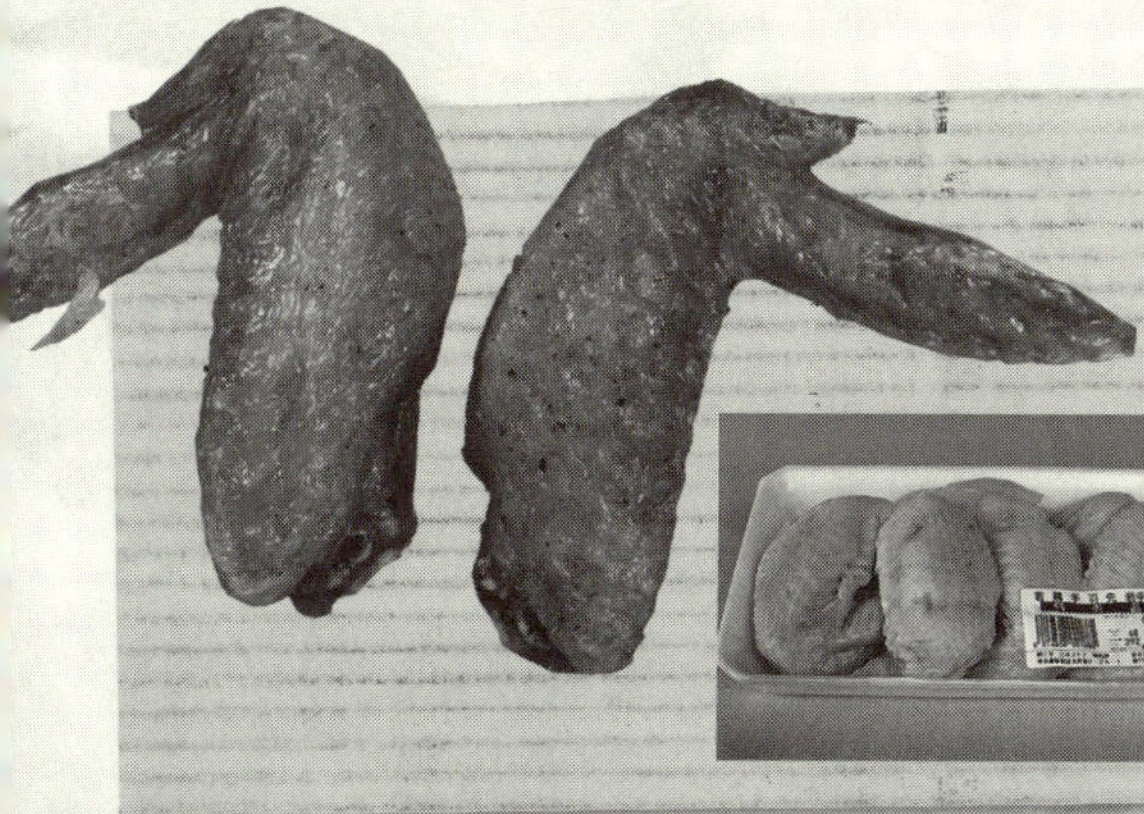

お手あげ

最後に揚げるもの

揚げものも連日続くと、さすがに違うものが食べたくなってくる。油も減ってきたし、もう揚げるものは何もない。油を足すのもやめようというようなとき、少ない油でも揚げることができるのが、この「お手あげ」。鶏の手羽先を揚げる料理なのだが、手羽先は平べったいので、このようなときには持ってこいの食材なのだ。油で浸らない場合は返しながら均等に揚げよう。

27

お題
▶白菜鍋駅伝

Nabe-chang family

ナベちゃん親子
下はお父さんのナベちゃんで耳が大きめ。肌が荒れてひび割れているように見えるが、これはメイクによるもの。上はコナベちゃんで耳は小さく、受け口気味なのが特徴。お父さんとは微妙に目の色が違う。「鍋貯金をしてゴールまでガンバレ!」

鍋駅伝のタスキは白菜!!　各選手の長所をマネジメントし、最高の成果を引き出せ！目指すは箱根駅伝ばりに劇的なゴールだ!!

白菜をベースに、日替わりで食材を足していく鍋駅伝。この競技がなぜ、冬に盛んに行なわれるかご存知だろうか？　白菜が冬の野菜という理由や鍋を食べて温まるということもあるが、もっと大きな理由がある。敵の足が遅くなることだ。夏は気温が高く、敵の足が速くなり、どうしても短距離勝負になり、初めに肉や魚を起用すると抜かれてしまう。その点、冬なら場合によっては冷蔵庫（アイシング）なしでもイケる。そのため選手を一人ずつ投入していく駅伝方式が可能になるのである。長距離を最後まで白菜一人で走る孤独なマラソン形式の鍋でも問題はないが、葉っぱを一枚ずつ脱がし、最終的にやせ細った白菜が鍋の中で孤独死するのを見るのも辛い。駅伝形式なら、各選手投入時に鍋貯金として少量を貯めておくと、最終日に寄せ鍋のゴールも設定できる。さぁ、この冬は賑やかに鍋駅伝をしよう！

START!!
第1区　豚バラ

鍋貯金／
豚バラ数枚

初日に買うものは白菜、醤油、豚バラ肉。醤油は付けて食べるためのもの。白菜は標準の大きさのもので、葉っぱが25枚ぐらいあるので、7日通すなら一鍋で3枚ぐらいずつ使うのが良い。ただ、白菜は剥いていくと葉っぱの面積が小さくなるので、それも頭に入れておこう。そして、メインの豚バラ。初日に持ってくるのはダシをとるためで、後の鍋の味が断然違ってくる。

第2区　餃子

第2区は豚バラの脂とダシが効いたスープに入れる餃子鍋。水餃子のように肉汁が皮の中でアツアツになるので寒い冬にはもってこいの鍋だ。明日のために思い切って一つほぐしておくと、さらに良いダシが期待できる。

鍋貯金／
餃子2ケ

第3区　うどん

肉、肉、ときて気絶した人もいるかもしれないので、第3区はうどんを一玉入れよう。ダシは充分に出ているはず。また、明日はマルシンでさらにダシが出るので、スープを多めに飲んでもよい。

鍋貯金／うどん数本

第4区（折り返し地点）　マルシン

昨日、スープを飲み過ぎた人もいるかもしれないし、折り返し地点でもあるので4区では水を多めに足し、サイコロ状に切ったマルシンハンバーグを入れてスープの味を整えよう。マルシンには濃厚なラードが付いているので脂分も復活し、後半へ向けて、ここで勢いをつけておこう。

鍋貯金／
マルシン半切れ

第5区　もち

鍋貯金／
もち1ケ

もし、お正月のもちがあまっていたら、第5区の鍋に入れてみよう。普段はおやつ感覚だったり、つなぎでしかないもちが、一食として計算できるようになる。オーブンで焼いてから入れるのも香ばしさが出てよい。

第6区　とうふ

あと一息でゴール。ここでは明日の鍋貯金放出に備えて、ちょっと自分をじらしてみよう。とはいっても、とうふだけでも充分においしいし、もうダシの心配もしなくていいので、スープの飲み過ぎもOK。

鍋貯金／とうふ2切れ

第7区　寄せ鍋でゴォォォォォル!!!!

さぁ、最終日。この日のために騙し騙し貯めておいた鍋貯金を一気におろして寄せ鍋をしよう。昨日のストイックなとうふ鍋でお腹も減っていることだろうから、存分に食べてほしい。まだ体力があるのでレースを続けたいという人もいるかもしれないが、スタートから、もう7日経っているので、鍋貯金で取っておいた食材たちも、敵に抜かれだす頃。ここで抜かれては元も子もないので思い切り突っ走ってゴールを目指そう。

ピンチランナー

今回は土鍋があるという前提でレースを展開したが、土鍋を持ってなかったり、あったはずなのに、フタしか見つからないという人のためにピンチランナーを紹介しよう。コンビニで売っているアルミ鍋だ。元々はうどんやもつ鍋が入っているもので、本来は短距離の選手で持久力はないが、火が通りやすいメリットがある。本人は元々使い捨てられると思っているので選手生命を気にする必要もない。

ボクを買ってケロ

28 お題 ▶エコーだちゃん

Ecology
&economy

地球に優しい貧乏食ECO

エコーだちゃん
旧3級品タバコ「echo」（240円）を根本まで吸いつくすエコっぷり。エコー＆ザ・バニーガールというバンドではバニーガールのコスプレ。

米一合を胃に送りこむためには、そのオカズは何円分必要になるのか。"yen／合"という単位を意識して、省エネに取り組もう！

省エネに対する取り組みを明確にするには、現在の自分の状況と、これからあるべき姿を想像し、具体的な目標値を掲げることが大切だと思われる。オカズの燃費について考えたことがあるだろうか？　「塩辛があれば二杯はいける」「納豆で一膳は朝飯前」「明太子があれば何杯でも」など、オカズの実力を表現するのに、ライスをどれだけ胃に送りこむことができるかを軸にすることがある。ただ、ガソリンと違い、オカズには大きな価格差があり、納豆一グラムと明太子一グラムでの比較では、経済的な観点が抜け落ちてしまうことになる。つまり米一合あたりいくらかかるかを計算するのがわかりやすい方法だといえるだろう。たとえば丸美屋の釜めしの素。これは三合のライスに対応しているので二百二十五円で買ったとしたら、二二五÷三＝七五で、一合あたり七五円かかることがわかる。75yen／合という表記だ。この数値が小さければ小さいほど、低燃費ということになる。ただし、釜めしの素のように、誰が作っても三合分になるものでは、この数値は動かないが、納豆などは、個人によって数値がことなるので、普段から一合にどれぐらいの量を費やすかを測っておくことが重要だ。たとえば納豆三パックを百円で買い、これで三合消費すると約33yen／合という値をはじき出すことができ、今後の目標を立てやすくなるだろう。

え好み焼き

エコONLYという意味でも

エコを好むという名の粉もの料理。ソースをかけているのでわかりにくいが、豚やイカなどの具を使ってないので環境への配慮があり、また財布に優しいエコロジー＆エコノミー料理だ。昔、政治家が着ていた省エネルックというのがあり、半袖のスーツだったと記憶しているが、そこまで外に見える感じでアピールすることもないだろうと感想を持った人も多いはず。え好み焼きは具がないことをあまり見せたくない人にとっても優しい。スーツでいうとジャケットは長袖だが、中のシャツは半袖。コートだけど中は裸のようなカムフラージュが可能だ。

巻かない（冬巻）

巻けなくても負けない

春巻きは値も張るので、春巻きの皮だけを畳んで焼く、もしくは揚げる。巻かない。厚みもないことだし、油も少なくて済むので焼くほうが合理的だろう。巻かないは厳密にいうと、皮は巻くけど具は巻かないということになる。さらに細分化すると、「あえて巻かない」と「実は巻けない」に分けられるが、憶えるのが面倒なら総称の冬巻でも問題ない。

う丼（卯の花丼）

トッピングで チューンナップも可能

卯の花をライスと合わせたう丼。卯の花はおからともいい、豆腐を作る際に大豆から豆乳を搾り取ったかすのことで、豆腐屋さんでもらえることが多い。つまり無料で入手できる食材だ。現在、豆腐屋さんの産業廃棄物として捨てられることも多いようなので、まさにエコで身体にもよい。ただし味は薄いので醤油やみりんなどで炒ってオカズにもっていく必要がある。さらに、無料トッピングとして、そば屋さんや天ぷら屋さんでもらえる天かすを投入すれば、たぬきう丼となる。

ワンタンしゃぶしゃぶ

のどごしツルンが ホットな気分

「しゃぶしゃぶって、このしゃぶしゃぶする行為自体も楽しみのうちよね」とはよく言われること。ならば、その楽しみを気軽にというのが、ワンタンの皮を使ったワンタンしゃぶしゃぶだ。本書で、揚げワンタンの皮を紹介したが、こちらは油も使わないので、さらに環境と財布にやさしい仕様になっている。楽しさに不安がある人は、丸いものと四角いものを混ぜると保険になるだろう。

ライス泥棒　丸美屋

麻婆豆腐の素

丸美屋のロングセラーである麻婆豆腐の素。そのままでも充分だが、挽肉を追加して作ると、延々にライスを食べ続けられると思えるほどの低燃費食品だ。これでライス1合半食べられないとしたら、それはもう、生い立ちや環境、育てられ方に問題があるとしか考えられないので、早急に専門の医師の診断を受けることをすすめる。

釜めしの素

こちらは炊飯器に入れるだけの簡単調理で、なんとライス3合も稼ぐことができる偉大なシリーズ、釜めしの素。麻婆豆腐との違いは、炊飯器調理なので均等に味が付いていて、食べる人の実力によって燃費が左右されることがなく、3合の燃費は保証されていることだ。確実に稼ぎたいという人にお薦めのメニュー。

29

お題
▶寝喰い

Eat
to easy

寝ながら喰うならこんなメシ

ガク君（酒乱）
快くモデルを引き受けてくれたものの、酔いつぶれ、最後はストローがくわえられなくなりリタイヤ。そのまま就寝。

❷Tシャツ&スウェット

❶座イス

❸ガンビー（足置き）

喰っちゃ寝なんて遅いしやってられない！という人に贈る、「寝食を共にする」寝喰い入門。

昔から「食べてすぐに寝ると牛になる」や「喰っちゃ寝、喰っちゃ寝」など、食べてからすぐ寝るという行為は、ネガティブに捉えられてきたようだ。しかし、禁止されればされるほどしたくなるし、実際、食べてすぐに寝るのは気持ちいい。そう、そんな「牛にはなりたくないけど、寝ることと食べることを結びつけたい」という人のために生み出されたのが「寝喰い」だ。

これならば「食べてすぐに寝る」のではなく「寝ながら食べる」のでセーフ。「脱法だ！」などと言う声もあるかもしれないが、無視！　牛にならないどころか、牛を食べることだってOKのまったく新しい食事法だ。

しかし、この食事法も簡単ではないし、コツと練習は必要なので、各ポイントごとに説明していこう。

①座イス　オシャレだからといって、固定式のものはNG。必ずリクライニングできるものを選ぼう。また「三段では低く、四段では高い」ということがないように、ギア数の多いものでベストポジションをつかもう（推奨十四段）。

②Tシャツ＆スウェット　寝喰いにある程度のリスクはつきもの。とくに初心者は汁、粉をこぼしやすい。そこで、ハワイやオーストラリアのTシャツ、スウェットもゴムのゆるいものや膝の出たものを着用しよう。

③ガンビー　踵を浮かせてリラックス。ガンビーはちょうどよい大きさなので、手に入れよう。

以上が押さえておきたい基礎知識だが、この他にもリモコンやティッシュなどを近くに置いておくなど応用はある。自分なりの寝喰いを完成させよう。

小割けそば

小割けでそばの寝喰いを実現

“寝ながら食事法”は俗に“ラッコスタイル”とも呼ばれている。その格好がラッコがアワビか何かを食べているように見えるからだ。そして、本物のラッコに一番近くみえるメニューが、この小割けそば。お腹と胸の部分を食卓に見立てて、そこにトレー（食器）を置き、座イスを垂直に近い角度に設定する。頭を起こすことによって、ラッコに見えるし、現在の食事の進行具合が把握できるのだ。小割けそばの一区画を箸でつまみ、それをつゆにつける。次に、づゆから上げるときだが、十分につゆ区画の縁で余分なつゆを切ること。そうしないと大変なことになる。トレーから口に移動させるときも反動をつけ過ぎると、鼻に麺がついたりするので注意。無論、持ち上げた麺の下から食べる。

ポテチにご用心

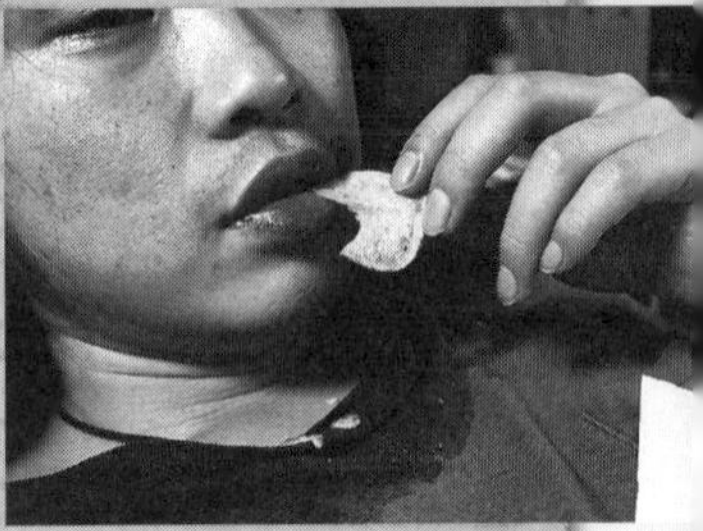

お菓子は材質や大きさに注意

スナック菓子も寝ながら食べると心地よいものの一つ。特に、マンガや雑誌と組み合わせると、緊張感ゼロの状態に持っていける。しかし、そのスナック菓子の種類、材質である。たとえば、柿の種などの小さくて口に入れるときに余裕のあるもので、さらに噛んだときに破片が飛び散らないものならよいが、ポテトチップス系には細心の注意を払ってほしい。一枚が自分の口よりも大きい場合があり、通常の食べ方なら、どちらかというと嬉しいことだが、寝喰いの場合だと、口の外で割れて破片が散乱するという大惨事になりかねないからだ。細かい破片がTシャツの襟元から侵入しようものならマンガどころではなくなり、下手に回収しようとしたら、逆に油まみれになってしまう。普段から、自分の口の大きさ、口幅感覚をつかんでおこう。

500ml紙パックを寝飲み

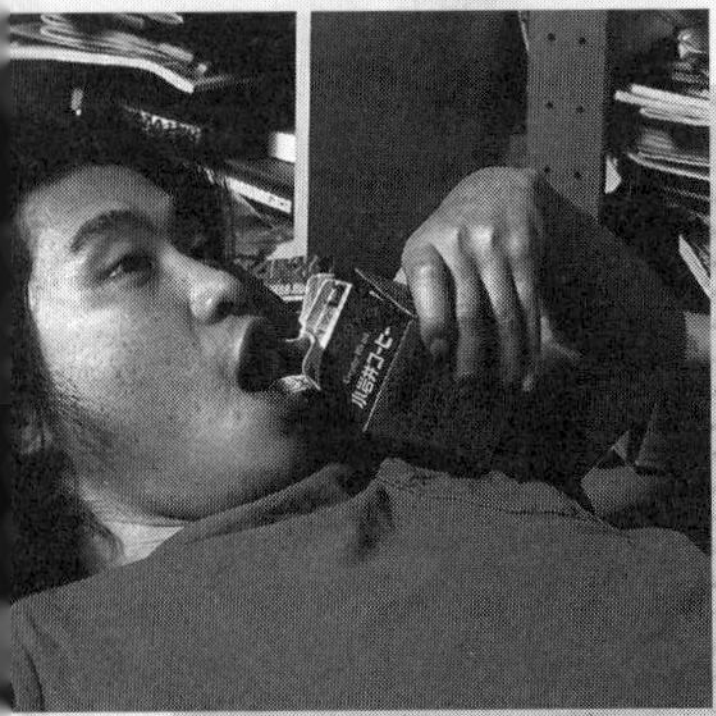

フレキシブルな注ぎ口を有効に

寝喰いをマスターしたら、今度は寝飲みも押さえておきたい。食べ物と違って飲み物は液体なので容器が重要になってくる。そこで紙パック。その注ぎ口に注目してほしい。ここが尖っているのがポイントで、口角にその部分を合わせて飲むのだが、紙なので自分の口角にフィットさせることができる。これはそのまま安心感に直結するもので、金属製の缶を口角に当てて飲むときのリスクを考えると大きなアドバンテージだろう。ただ、この飲み方もある程度の訓練が必要で、パックを傾けすぎると、首筋に流れ込み、「小岩井コーヒー」など砂糖が入っているものならベトベトになってしまう。また、鼻に入ってもツーンとしてしまい、せっかくのリラックスムードが台なしに。

曲がるストロー

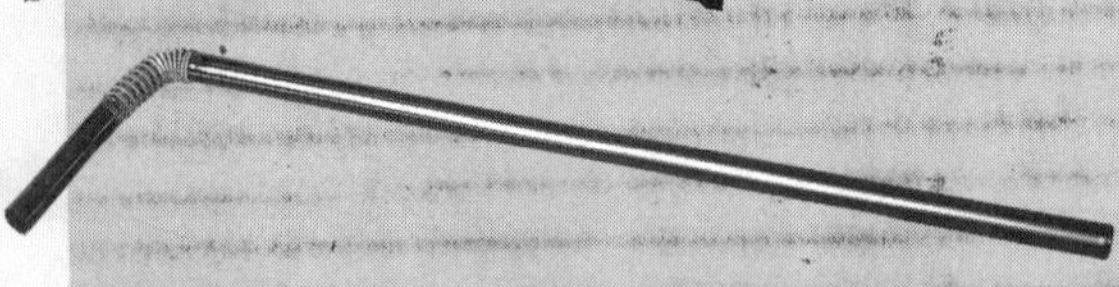

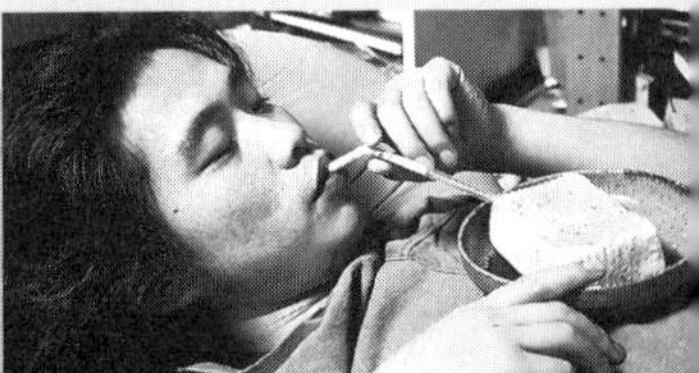

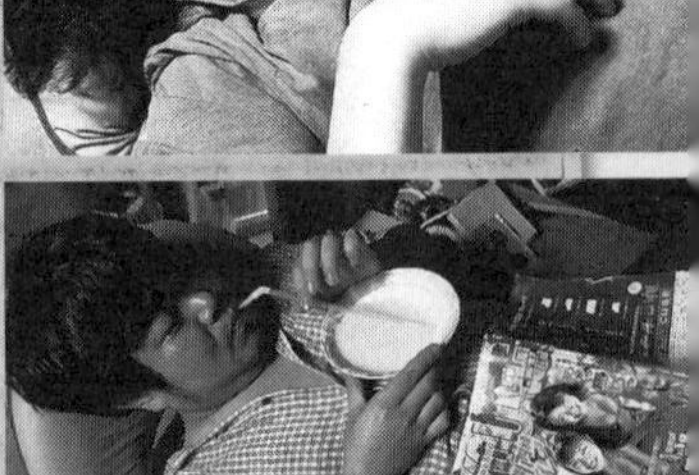

（写真下）撮影中にガクが酔いつぶれたため代役を務める横チン。

紙パックを寝飲みするのはスリルがあって良いのだが、もっと安全確実に飲みたい人は、この曲がるストローを使おう。缶やペットボトルに使っても有効だが、紙パックの注ぎ口にストローを差し、さらに閉めた状態で使うと最強となる。コンビニでもらうときも「曲がるの」と指定しよう。

豆腐

曲がるストローを使って冷や奴をどうぞ。これぐらいの固形物ならストローで充分飲める。また、同様にプリンも吸い上げ可能だが、ストローは使い分けたいところだ。

シチュー

シチューも具があるものは、ちょっと困難だが素シチューなら楽に飲める。コーンポタージュも同様だが、コーンがストローに詰まったり、ダマがあると重く（吸い上げに力が要求されること）なるので、よくかき混ぜよう。

緊急講座 牛乳パックの開け方

正しい開け方

高校生のころ、近所の友達K君の家に遊びに行ったときのこと。部屋に入ると、テーブルの上に飲みかけの牛乳パックが置いてあったのだが、そのパックの注ぎ口の辺りがどうもおかしい。指でこじ開けたような形跡があり、その部分が少し黒ずんでいる。どうやって開けたか聞いてみると、「えっ、指で」と当たり前のように答えた。さらに、開け方を知らないのか聞いてみて、注ぎ口のイラスト付き説明文を読むように促してみた。するとK君は驚いた表情をし、なるほどと感心していた。そこに説明文があるのは知っていたが、指でこじ開けることを説明していると思い込み読まなかったそうだ。

最近、ラジオを聴いていたら全く同じ体験の話をしていたので、驚いて知り合いのライターに話したところ「俺は指だよ」と答えられた。

意外と読んでない人が多く、しかもこじ開けを説明してると思い込んでいる人もいる。そもそもあの開け方は図説が難しい気もする。みんなも今一度確認してほしい。

①パックの上部の屋根の部分を持つ。
②手前にいっぱいまで引き寄せる。
③耳を屋根に着けた状態で後ろに戻す。
④口が剥がれたように現われる。

と、書いてみたが、やはり伝わりにくそうだ。そもそも、これを読む人は知っている気もする。

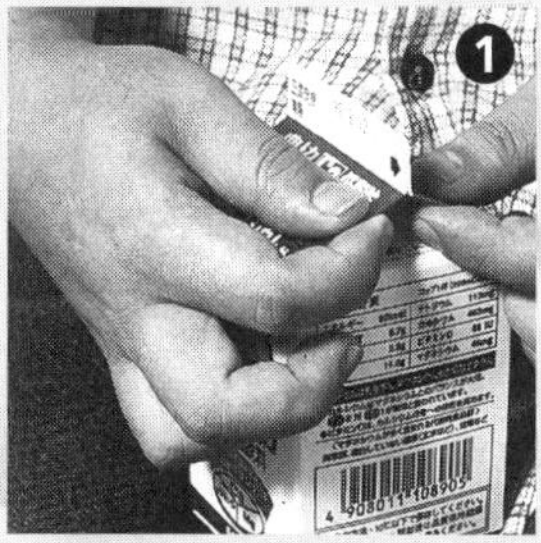

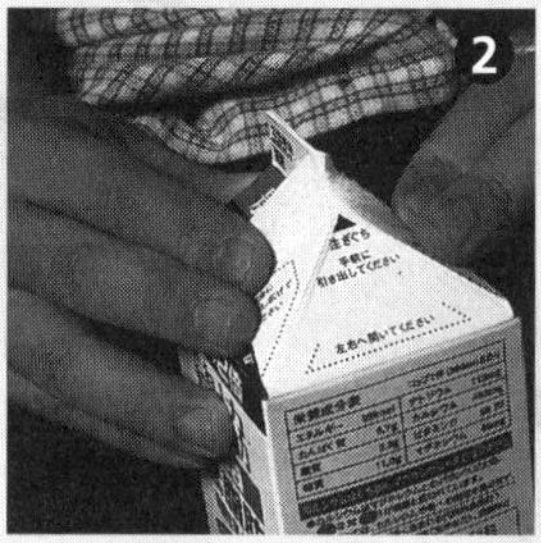

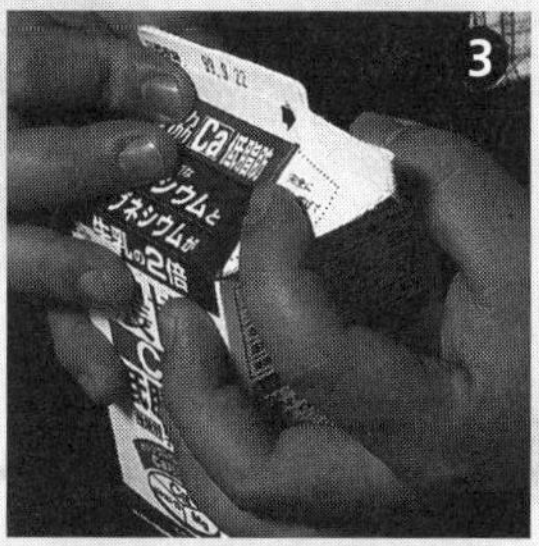

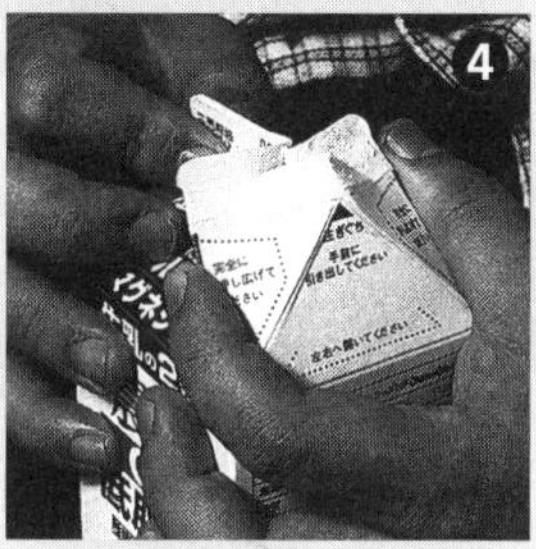

ダメな見本

写真右は上でも説明した、指こじ開けタイプ。紙が剥がれて、失敗しやすいし、衛生上の問題もある。左は開け口を確認しなかったために失敗し、結局、両方を開けるはめになってしまった例。

30

お題
▶揖保揖保

AIBO

イボは相棒、結束は堅く！

いぼ兄弟。またの名を双面ズ。イボは常に5束ぐらいストックしているイボ好き。酒の肴として帯付き状態を好む。

夏の風物詩、という思いこみをいったんリセットしよう。季節を問わず頼れる相棒、イボ。おふくろ便にもお薦めの一品だ。

そうめんにどのような印象を持っているだろうか？　幼少の夏休みに昼ご飯として氷の入ったクリスタルの容器に盛り付けられ、つゆに付けて食べたというようなところだろうか？　この記憶はイベント性が強く、風景としては美しいかもしれないが、大人になった我々が生きるためにメシを喰うという行為にとっては、あまりプラスになるものではない。

つまり〝夏にちょこっと食べるもの〟という思いこみが、値段も安く、乾麺で保存が効き、茹で時間も短く、何にでも合うというそうめんの潜在能力を見過ごしてしまうのだ。

もちろん安くて入手しやすい夏をメインに買い置きするのがよいが、一年を通して「いざっ！」というときに「イボ！」と即座に発想できるようにしておきたい。

そう「イボ」とは、もちろん「揖保乃糸」のことである。このブランドは兵庫県の龍野市、揖保川を中心とするもので、全国そうめん生産の三十％をシェアに持つ五百年の歴史を誇るものだ。当然、凡百のそうめんとはコシが違い、おいしい。少し高いのが難点だが、ここは少しがんばりたいところだ。そうすればイボは相棒になってくれることだろう。

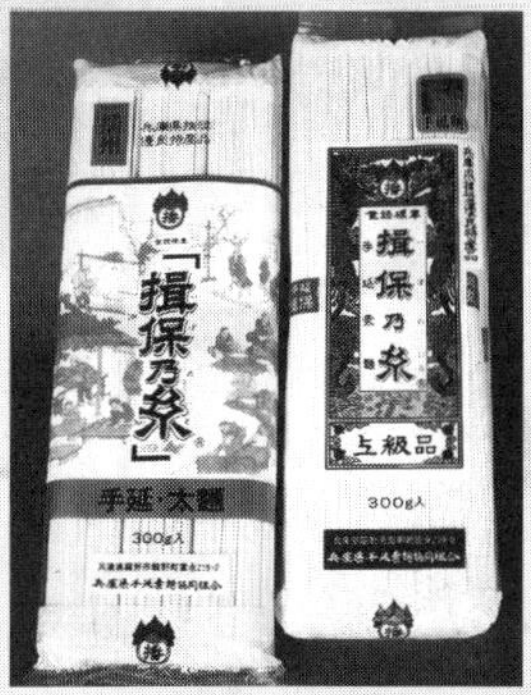

イボにはノーマル（右）の他に、「かわり麺」という太麺もある。パンチが欲しいときはこちらを使おう。

クリームイボ

クリーミーなイボ

ライスなしで、シチューやカレーを食べるときの背徳感は農耕民族の日本人なら、だれでも持っている感覚。そんなライスがないときも、オカズの濃さを受け止めることができるイボは実に頼もしい存在だ。茹で時間が約2分なのでレトルトで素早く食事したいときなどに便利だ。

イボンゴレ

茹で時間も夏向きなイボ

幅広く応用が効くイボはパスタの代用としてもOK。茹で時間はパスタの9分に対して、2分ぐらいなので、夏のワンルームでガスをつけっぱなしにして、室温が上がるということもない。そういう点でもイボは夏に重宝されてきた。このイボンゴレはアサリやシジミなどをイボと一緒に炒めるのだが、それらの持ち味を活かすためにも味つけはバターがよいだろう。

イボリタン

イボ貯金を自動引き落とし

イボを買ったときに、一束だけキッチンの中で目につきにくいところに置いておき、わざとその存在を忘れた振りする。そして金欠になったときに思い出し、ケチャップで炒めてイボリタン。イボは乾麺で保存が効くからこそできる技だ。ただ、本当に忘れてしまうと困るのでイボのヘソクリ、ヘソのイボとして頭の片隅には置いておこう。

しゃぶいぼ

茹でたて沸かしそうめん

イボは夏に限らないよ、という一品。食べる分だけ箸で鍋に入れ、茹でたてを食べるというしゃぶしゃぶ方式。流しそうめんの冬バージョンで、沸かしそうめんと考えるとわかりやすいだろう。もっと豪快に食べたい人は、帯が付いたままのイボを一束もってカニしゃぶのように食べるのも気持ちよい。そのときは束を持ち上げ、下から食べよう。

イボコロ

サクッとしたイボ

イボの原材料は小麦であるが、その小麦がイボ、パン粉、小麦粉の3種の姿になり、さらに玉子と共演するイボコロ。イモだけのコロッケに麺の食感を加えることになり、複合的な歯触りを得ることができる。

イボタコ

炒めたタコのタコ油が決め手

本物のタコを入れ、酢をかけてさっぱりいただくという手もあるが、予算も考えて、廉価版のイボタコを紹介しよう。真っ赤なウインナを半分に切り、短冊状に足の切れ目を入れて、油をひいたフライパンでイボと炒めるだけ。味は塩コショウでよい。ウインナの赤い油がよい風味となって、鼻腔を刺激してくれる。

いぼいなり

早喰い寝喰い対応 ファーストフード

ハンバーガーがパンとハンバーグをまとめてできたように、冷やしきつねそうめんをまとめたのが、いぼいなり。パクッと食べられるので、バテていて食べるのが面倒なときや、起きているのも面倒なときに寝たままスピーディに食べることが可能だ。薄めた麺つゆで油揚げを煮こみ、中にイボを入れるだけ。煮こむのが面倒だという人は味つきを買おう。

いぼかん

ひんやり涼しげな甘いぼ

夏場のバテた身体には甘いものが嬉しい。また、おふくろ便でみかん缶づめを送られたはいいが、どう扱っていいものか途方に暮れているようなときに、試したいのがこのメニューだ。デザートとしても使えるし、麺つゆの器も不要なので合理的だ。

いぼですよ

岩のりであればいいですよ

イボがご飯の代わりになるという調理例。盛りつけではイボの上にのせている形だが、具と一緒だと喉の滑りが悪いし、噛んでいいのか、すすっていいのか迷うので、混ぜ込むほうがよいだろう。

31

お題
▶失恋レストラン

Heart
breaker's
restaurant

シミケンくん
失恋から自暴自棄になり、ライスよりビールを選ぶ日々。趣味は知恵の輪。スナックでマスターにおねだりするのが得意。

備えあれば憂いなし。失恋したときのために押さえておきたい失恋レストランメニュー。いざというときのためにマスターしておこう！

「ちゃんと食べてる？」

たとえば、昔親密な関係（ステディ）だったが、いろいろな事情でそうではなくなった人と電話で久しぶりに会話をする機会があったときに、このような質問をされたとする。我々はこの問いにいったいどのように答えるべきなのだろうか？

その答えの前に、まずこの質問の「ちゃんと」という意味だが、これは「キチンと」という意味であり、そもそも食事をしているかどうかに始まり、そこから野菜を食べているか、栄養は、三食かなどの意味がついてくるものだということを認識しておく必要がある。いうなれば母心だ。では、なぜ「ちゃんと食べているかどうか」を確認するのかといえば、親密ではなくなったために起こる心的な変化と生活の変化で食欲がなくなったり、偏ったりということを心配していると思われるのである。この場合、質問者としては質問の後に続く答えは、朝の納豆から始まるような完璧な献立ではなく、ある程度の乱れがあるものを予想しており、そのあと「ちゃんと食べて元気に」という答えを用意して待っている。質問の背景がここまでであれば「あぁ、適当に」や「ライスよりビールかな」などと、相手の術中にはまる答えでも、まぁ、よいだろう。

しかし、この質問の背景に、もう一つ「ビンボー」という意味が込められているとしたら、答えは慎重に選んだほうがよい。この質問が加わることで、質問の意味は「ちゃんと食べてる」から「ちゃんと喰えてる？」という意味に変わるからである。たとえば、質問されたときに狼狽してしまい昨日から何も食べてないのに「昼はカレーで夜はハンバーグ！」と言ってしまったとする。その答えだと、たとえ元気よく言ったとしても説得力はないし、信じてもらえたとしても、知恵のない献立だと思われてしまうことだろう。やはり嘘はバレてしまうものだ。

そう、そこで「失恋レストラン」のメニューを見てほしい。このメニューはライスはもちろん、麺類も野菜も肉も海産物もバランスよくとりいれた、ちゃんとしたものである。メニューに嘘はなく「ちゃんと食べてる？」と問われれば「あぁ、ちゃんと食べてるよ。昨日は海産物で今日は麺類」と答えられるし、一人ではなく「よっちゃんとご飯食べた」と言える。また「ゆかりちゃんもふじ子ちゃんも喰っちゃった」と元気に切り返すこともできるだろう。

備えあれば、憂いなし。現在、諸君は「ちゃんと食べてる？」と聞かれるような境遇ではないかもしれないが、いつ何時、そのような質問をされても堂々と答えられる技を身につけておくべきではないだろうか。

よっちゃん（釜飯）

酸っぱい思い出と共に

酢イカをスライスした駄菓子「よっちゃん」を炊き込んだイカの釜飯「よっちゃんめし」。正確にいうと「イカす・イカ酢スライス・酢ライス」となる（長いと思ったらフミヤート処理してイカスライスとしてもよい）。よっちゃんにはイカだけではなく、タラのすり身も使われているので、二日連続で食べる場合は「タラちゃんメシ」と呼んでもよい。白米との配分は「Bigカットよっちゃん」に対して、米1合ぐらいがほどよい。また、ご存知だとは思うが、よっちゃんには酢が使われている。酢は疲れやストレスを和らげるばかりか、食欲を増進させる働きがあるので、失恋による食欲不振やストレスのたまった人にはぜひ試してほしい。身体が酸っぱくなると、想い出も酸っぱくなってくれるのではないだろうか。

ゆかりちゃん（ひやむぎ）

三島家の長女

三島食品株式会社のふりかけ「ゆかり」をひやむぎにまぶしたメニューで、本名は「三島ゆかり」ちゃんだが、「ちゃんと食べてる?」と聞かれて、人数を多く申告したい場合や連続でこのメニューを食べなければならないとき　は、「三島ちゃんを喰った」「ゆかりちゃんも喰っちゃった」と分けていうのもよいだろう。原材料である赤しそにはカルシウムやビタミンAが多く含まれているので、失恋によるイライラに悩んでいる人に最適である。ゆかりちゃんは普通、しそご飯として食べるが、それだけだと、一食としてはどうしても物足りない気持ちになるが、ひやむぎだと、一食感が出るので、無駄に荒むこともないだろう。

ゆかりも、ふじ子も喰ったぜ……

キューちゃん（雑炊）

かわいいキューちゃんで和む

東海漬物の「きゅうりのキューちゃん」を漬け汁ごと使って雑炊にするメニューで、失恋はしたけれど、気持ちは前向きになってきたという人はマラソンのQちゃん（高橋尚子）を思い出して「俺（私）ならできる」。もうしばらく時間がかかりそうだという人は坂本九ちゃんの「涙くんさよなら」をイメージして作ってみよう。パッケージに印刷されているキャラクターのキューちゃんもかわいいので和ませてくれることだろう。お好みで溶き玉子を入れてもおいしくいただける。

ふじ子ちゃん（和風マカロニ）

昆布ダシの和風マカロニ

昆布佃煮の「ふじっ子」の袋の裏には、「ちょっとアレンジ」のコーナーがあり、「ぜいたく茶漬け」なるメニューが紹介されている。それは「いつものお茶漬けに思い切って焼き魚のほぐし身や、お刺身をのせてみましょう。ちょっとぜいたくな味わいです」というものだ。「ふーじ子ちゃんだし、ゴージャスでボリューム感を出したい気持ちはあるけど、刺身かぁ、う～ん思い切れない」という人のためにマカロニと一緒に煮こむメニューを考案してみた。昆布からほどよいダシが出るので、和風のマカロニが完成する。塩味も充分ついているので、味を整える必要もなし。マカロニも「思い切れない」という人はふじっ子だけを煮込んでスープにするのもよいだろう。

マロニーちゃん（トマト麺）

発音に気を付け誤解をさける

元カノに金髪からもモテていることをアピールしたい場合はマロニーちゃんで決まり。ただ、マロニーちゃんというと、熟女を想像されることもあるので、メィロニーちゃんという具合に、正しい発音を心がけよう。カットトマトの缶詰に水を足し、マロニーちゃんを入れ、塩コショウで味を整えればできあがり。

わかめちゃん（ふえるわかめちゃんご飯）

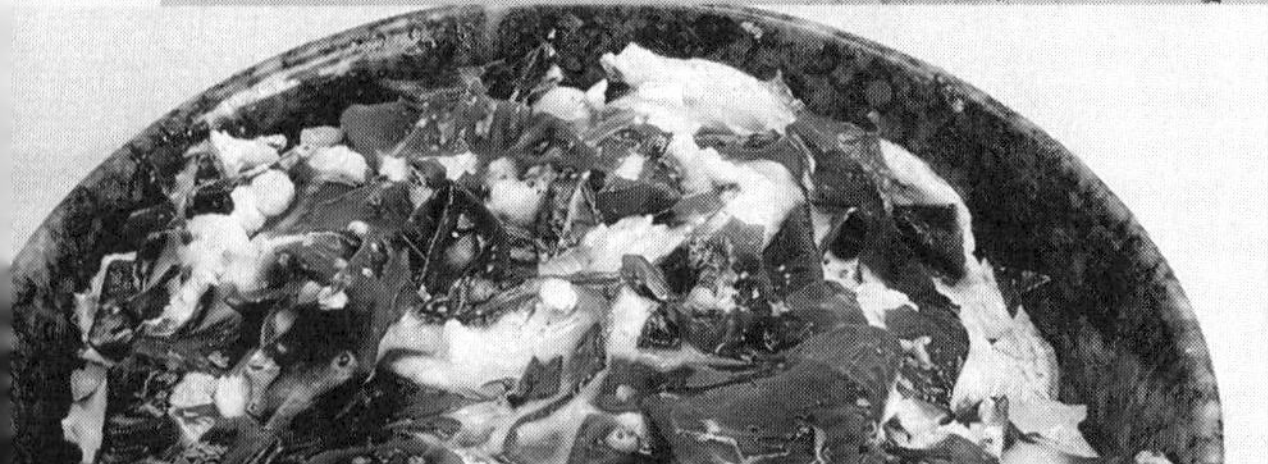

5分戻すと10倍に

「ふえるわかめちゃん」と溶き玉子で丼めしにして食べるメニュー。カルシウムやカリウム、ビタミンKなどミネラルがたっぷりのわかめが具なので、失恋で体調を崩しているときにピッタリの一品。ただ「わかめちゃん喰っちゃた」というと「二次元?」「刈り上げ?」などとマニアック趣味を想像されたり、失恋で頭がおかしくなったと思われかねないので慎重に。

女子向けメニュー　麺ズ

一平はん（一平ちゃん飯）

京都方面の女子にお薦めのメニュー。失恋のショックが尾を引いているときは気力がなく、料理も簡単に済ませてしまいがち。ちゃんとした食事をすると、気力も体力も回復しそうだが、ハードルが高い。そこで、ちゃんとした料理への第一歩として「一平ちゃん飯」だ。これは一平ちゃんの焼きそばにライスを加えて、そばめし風に食べるメニュー。焼きそばにライスを混ぜるだけだが、ライスと麺の絡みを良くするために、お湯を注ぐ前に麺を砕いておくのがポイントだ。

一平どん（一平ちゃん丼）

九州地方の人はこれ。このメニューは「一平ちゃん　コク!しょうゆ」を米と一緒に炊いてしまうというもので「失恋のショックなんぞ、たいしたことなかと。ど～んと喰ってやるばい。でも、予算がなかと」というときに試してほしい。一平はん同様、あらかじめ麺を砕いて炊飯器に入れよう。また、麺を硬めにしたい場合は、先にスープとカヤクを米と炊きこみ、しばらく経ってから麺を入れるようにしよう。

32

お題
▶貧乏食七か条

Eat and run

指切りげんまん ビンボー神との約束

貧乏でも楽しくやっていく覚悟はできた？
最後に、一番大事な七つの約束を伝授するよ。
お金なんて、ちょっとだけあれば大丈夫。
ビンボーの神さまはずっと見守っているぞ。

あ〜心配だ、心配だ、心配心配。えっ、何がって、そんなの決まっているでしょう。君たちのことだよ。もう、この本も終わりだけど、みんなちゃんと一人立ちできるかと思って。ほ〜ら、そこの君、寝ながら紙パックのドリンク飲むときは曲がるストロー使うか、口角にきっちりとパックの角を当てないと危険だぞ。ほらほら、そこのお嬢さんも、おふくろ便でポテトチップスなんか送ってもらってるの？　場所取るだけですよ。ダンボールに隙間がないようレイアウトしてもらわないと。

　さて、本書ではこれまで安価でお腹いっぱいになる食べ物を紹介してきた。若いうちに金がないのなんてしょうがないこと。また、頼んでもないのに、お腹が減るのもしょうがないこと。金はないしお腹は減っている。それ

約束1●ライス

ひとつ、オカズはしょっぱく、米多く

そこ！　ま〜たオカズばっかり食べてないかの？　さっきからず〜っと見てたけんども、もやしに3回手をつけて、ようやくライス食べとるじゃろ。はは〜ん、さては薄味にしたな。たしかにもやしは安いわい。40円で軽く手に入るし、2個買うと70円になったりするからな。じゃがな、だからといってオカズばっかり食べるとキリがないべよ。オカズでお腹いっぱいにしようと思うとるのか？　寝言は寝てから言え。もやし1袋だと少なくとも茶碗2杯はライスをさばけんといかんわい。そのためにはもやしの味をしょっぱくしないと。大量のライスに対応するには味を濃くして、ライスの隅々まで味が行き渡るように努めることが必要じゃ。強制的に味を染み込ませる釜飯なんかじゃと、ライス残りの心配はないんじゃけど、もやし炒めのようなライスに絡まない単品のオカズはよっぽど味をきつうせんと、後ろで順番を待っとるライスたちに味が届かんわい。あとは、そうじゃなぁ、もやし炒めじゃと、これに溶き玉子を絡めれば、少々塩の量を増やしたところで、オカズ感が高まるから、ライスの進行もええぞ。とにかくライスを稼ぐには、塩多め、約束じゃ。

でもかっこいいギターが欲しいし洋服もバイクもパソコンも欲しいし、映画も観たい。革ジャンも本も我慢したくないという人のためにメニューを提案してきた。三千円あればギリギリまで食事以外に使い、残りで食べ物を買えばOKと思える人に。

テーブルとイスのある食べ物屋に行っていた人は、イスのない店へ。イスのない店に行っていた人は弁当屋へ。弁当屋へ行っていた人はスーパーへ。スーパーに行っていた人は百円ショップへ。三千円もあって欲しいCDもあるのに、寿司喰って屁こいて寝るなんてつまらないじゃないか。CDよりも良い音か？　君の屁は。

とにかくもう終わりなので「明日もビンボーだと思います」という人や「メニューのメドがたってなくて不安」という人のために、ビンボー神との約束「貧乏七か条」を置いていこうと思う。これは最も基本的かつ重要な約束事であり、①ライス②オカズ③パン④具⑤調味料⑥玉子⑦肉という項目になっている。それぞれの詳しい説明は下でしているので、ここでは省くが、すべてが研ぎすまされた真理であり、行き詰まったことがあったり、迷ったりすることがあった場合には、落ち着いてひとつひとつ照らし合わせ考えて

約束2●オカズ

ひとつ、箱入りになるな。むき出しになれ

ちょっと、ちょっとお兄はん。それボンカレーと違うの？　ボンカレーってな、箱がついてるやろ。それな、お父はんがな「箱代もかかってるから〈めいらく〉いうとこのカレー食べぇ」言うてたで。ボクもなぁ、ボンカレー好きやねんけどな、箱は食べられへんしな、だからな、レトルトむき出しのやつ選べやって。どうしてもコラボカレーで使いたいときだけにしときやって。あとな、レトルトのな、端の方に穴が空いてるやろ。鍋から出すときにな、箸入れたら便利やねんて。それとな、カップラーメンも好きやねんけどな、固い入れもんに入ってるやろ。あれが高いらしいで。ビニール袋に入ってる方が安いからサッポロ一番にせぇ言うてた。「カップ洗って何回か使ったら食べてもええか?」って聞いてみたけど、あかんねんて。サッポロ一番の三味やったら、どれでもええらしいけどな、特にええのんは塩やねんて。なぜかというとな、ゴマが入ってんねん。袋ラーメンのスープの最後のところをな、砂言うねんて。だから途中のスープは捨てても最後の砂は捨てんといてな。

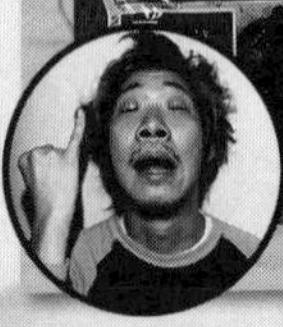

約束3●パン

ひとつ、パンはでっかいヤマザキを

コンビニにて「おっ、この総菜パンうまそうだな。ハム玉子パン150円か。よし、これにしよ」ダメでちゅよ〜。ダメダメダメ。何やってんでちゅか！　それはヤマザキのパンじゃないでしょ。パンはヤマザキをって言ったでちょ。一番大きくて、安いパンが揃っているのはヤマザキなんでちゅ。ミニスナックゴールド知らないでちゅか。ボールをひっくり返したようなスイートブール知らないでちゅか。ロールケーキ界の中でもっとも菓子パン界よりのスイスロール知らないでちゅか。100円以下のパンだってあるでちゅよ。クリームパンにジャムパン、アンパンだって100円ちないよ。だから、よく考えもしないで、調理パンコーナーなんか行かないで。パンは菓子パンコーナーで。やくちょくだよ。

ほしい。きっと自分が選択すべき道が見えてくるだろう。この七か条さえ守っていれば、春夏秋冬、大腹、小腹、実家、ワンルーム、アパートを問わず乗り越えていけるはずだ。ただし、時は流れ、状況は変わる。日本の食事情も変化していくだろう。スタンダードも大切だが、新商品のチェックも怠らないでほしい。

おっ、ちょっと目を離したすきに。君、君、冷蔵庫でキャベツを腐らせたの？　それじゃあ一個のほうが半切りより割安だって買った意味がないんじゃないか？

そっちの君もスーパーの精肉半額シールの割り算に時間が掛かり過ぎてないかの？　ビンボーの神さまは、いつも君の後ろで見ているぞ。

約束4●具

ひとつ、具がないぐらいでメソメソするな

ダメあるよ。おまえ泣いてるあるか？　なんで泣いてる。えっ、お好み焼きに具がない？　ホワ〜イ？　そんなことで泣いてるか。どうせ明日も具なんてないんだから、キャベツ入ってるだけマシ思え。ソースもかかってるじゃないか。涙も損するよ。泣くんだったら塩味にすればいいよ。ミーは具がなくてもパラパラのチャーハン作れるよ。それはしょうゆ味だけね。でもうまいあるよ。そういうのは「素のもの」いうあるよ。プレーン。アンダースタン？　具なしの素カレーや具なしのシチュー、素チューもあるよ。まぁ、これは煮込んでも煮込んでもトロミはつかないし、煮込みすぎると減ってくるから、ちょっと温めるだけでOKね。早くできていいよ。わかった？　もう具がないぐらいでメソメソしないね。指切りあるよ。

約束5●調味料

ひとつ、島国根性を捨てよ

おい、おまえ、またしょうゆ味かよ。何でもかんでもしょうゆ味だな、おまえはよ。チャーハンもしょうゆ味だし、野菜炒めもしょうゆ味。肉どうふもしょうゆ。おまえ、もしキャベツ1個買ってきたらどうするつもりなんだよ。あ〜ん？　煮ても、炒めてもしょうゆか？　世界にはよ、いろんな調味料ってぇのがあんだよ。ソースだってとんかつもありゃウスターだってあんだろ。中濃っつうのもあるけど、俺はあれ、あんまり好きじゃねぇんだよ。なんかよ、どっち付かずでハンパな感じがすっからよ。まぁ、いいや。あと、マヨだってあんだろ。生のキャベツには合うじゃねぇか。あと、ケチャな。これはあれだよ、スープにもピラフにも使えるだろ。あと、ゴマ油な。まぁ、これはちょっと値が張るかも知んねぇけど、あれは風味がいいんだよ。初期投資には金が掛かっかもしんねぇけどよ、でもそのほうが自炊もしやすくなんだろ。それにいろいろ持ってると、組み合わせて、好みの調味料、貧乏ッタレが出来んだろ。あとよ、日本だってしょうゆしかねぇわけじゃねぇんだよ。ダシもありゃ、味噌だってある。味噌とキャベツがありゃあれができるだろ、ホイコウロウ。まぁ肉がねぇからホイ抜きか。いや待てよロウ抜きか。まぁとにかく島国根性は捨てろってこと。約束だぞ。

約束6●玉子

ひとつ、困ったときはドンと玉子で乗り越えろ

ちょっとアンタなにグズグズ言ってんのよ。えぇ？　何？　30円でゴハン食べないとダメだって。いいじゃないよ。ちょっと冷蔵庫見せてみなさいよ。なによ、玉子があるじゃない。玉子があんのになにビビってんのよ。あんたそれでも男？　ライスもあるんでしょ。だったらすぐコンビニ行って駄菓子コーナーで「ビッグカツ」買ってきなさいよ。30円だから。いや、ちょっと待って。ライス炊くのが先よ。アンタのジャーは白米高速スイッチ付いてんの？　だったらそれ押して行きなさいよ。後はマンガ立ち読みで時間を微調整して帰ってくればライスなんてできてるわよ。それが段取りってもんよ。ライスができてたら、玉子でビッグカツをとじてビッグカツ丼作ればいいでしょ。だいたいねぇ、玉子があるのにアタシを呼ばないでくれる。なんだってできるじゃない。丼にしちゃえばいいんだから。ツナだってモヤシだってキャベツだってできるじゃない。玉子持ってんだから、もっと堂々としなさいよ指切りよ。

約束7●肉

ひとつ、買い喰い、肉の単体喰いを禁ず

あれ、あ〜れ、あれあれ。この人な〜にやってんだろ。もしかしてもしかして、コンビニのレジで3番目に並んでいる間に肉まんのショーケースが目に入っちゃったりしたのかな〜。あれ、頼んじゃうのかな〜、我慢するのかな〜。あれ、あ〜れあれ、買っちゃいましたね〜。

神様　「もし！　もし！　そう、おたくね、さっきスーパーでターマゴとモーヤシを買ってたでしょ。なーんでまた、ニークマンなんか買うんですか？」

男　「エヘ、見てましたか。ちょっとマンガ買おうと思ってコンビニ寄ったらつい……」

神様　「ダーメじゃないですか。そんなことじゃ。これからおたくは食事をするわけでしょ」

男　「ええ、まぁ」

神様　「そう言えば、おたくこの前もマールシンハーンバグを単体で食べてたでしょ。ダーメですよ、モーヤシと一緒に炒めるとか、半分に割って、5時から男爵するとかしないと。まん〜がいち単体で食べるときはライスを通常の2倍にしてく〜ださいね。やく〜そくですぞ。

ライノ曽木
らいのそぎ
1967年・兵庫県生まれ。本名・曽木幹太。法政大学文学部卒業後、出版社勤務を経て、写真家、コラムニストに。著書に『ASAKUSA STYLE──浅草ホームレスたちの不思議な居住空間』（曽木幹太名義、2003年、文藝春秋）がある。

出演者

友情出演（友情抜き）
(Cast without friendship)

石川裕之
石原 宇
植地 毅
岡崎雅史
菊池 亨
キャロリーメイト
倉田真琴
佐藤裕也
鈴本貴士
曽根 賢
高橋大輔
高柳史郎
武富元太郎
竹本幸正
立石肖子
中瀬知子
中山雅文
西川由紀
長谷川太郎
早坂 岳
ホイ
松本真希子
森 学
横井直久
（五十音順）

special thanks

川崎美穂
曽根 賢
and BURSTS

書名——正しい貧乏青年の食卓
著者——ライノ曽木
編集——高橋大輔
デザイン——和田悠里
発行——2011年7月21日［第一版第一刷］
定価——1,600円＋税
発行所——ポット出版
150-0001 東京都渋谷区神宮前2-33-18#303
電話 03-3478-1774 ファックス 03-3402-5558
ウェブサイト http://www.pot.co.jp/
電子メールアドレス books@pot.co.jp
郵便振替口座 00110-7-21168 ポット出版
印刷・製本——シナノ印刷株式会社
ISBN978-4-7808-0162-0 C0095

Tasteful culinary choices for
starving young men
by RHINO SOGI
Editor:TAKAHASI Daisuke
Designer:WADA Yuri
First published in
Tokyo Japan, July. 21, 2011
by Pot Pub. Co., Ltd
#303 2-33-18 Jingumae Shibuya-ku
Tokyo, 150-0001 JAPAN
E-Mail: books@pot.co.jp
http://www.pot.co.jp/
Postal transfer: 00110-7-21168
ISBN978-4-7808-0162-0 C0095

【書誌情報】
書籍DB●刊行情報
1 データ区分——1
2 ISBN——978-4-7808-0162-0
3 分類コード——C0095
4 書名——正しい貧乏青年の食卓
5 書名ヨミ——タダシイビンボウセイネンノショクタク
13 著者名1——ライノ 曽木
14 種類1——著
15 著者名1ヨミ——ライノ ソギ
22 出版年月——201107
23 書店発売日——20110721
24 判型——A5
25 ページ数——152
27 本体価格——1600
33 出版者——ポット出版
39 取引コード——3795

本文●ラフクリーム琥珀N 四六判・Y・71.5kg（0.130）／スミ（マットインク）
カバー●サンシオンハイホワイト・四六判・Y・108kg／プロセス4C／マットニス
帯●オーロラコート・四六判・Y・93.5kg／TOYO10024（ピンク）スリーエイトブラック
表紙●ライトスタッフGA(N)-FS・四六判・Y・210kg／
TOYO11016（チャコールグレー）・PANTONE Hexachrome Magenta C（表2・表3）
使用書体●ヒラギノ明朝 ゴシックMB101 ヒラギノ角ゴシック体pro 見出しゴ
中ゴシックBBB 太ゴシック Frutiger Goudy kids first print font
helvetica neue 57condensed FontopoELEPOP
2011-0101-2.0

ポット出版の本

劇画家畜人ヤプー【復刻版】

著●石ノ森章太郎　原作●沼 正三　定価●2,200円+税
三島由紀夫、澁澤龍彦らが絶賛した戦後最大の奇書『家畜人ヤプー』を
巨匠・石ノ森章太郎がコミック化。復刻に際し、漫画家・丸尾末広による解説文を収録。
2010.03発行／ISBN978-4-7808-0143-9／A5判・上製／288頁

劇画家畜人ヤプー2【復刻版】

悪夢の日本史編

監修●石ノ森章太郎　原作●沼 正三　画●シュガー佐藤　定価●2,200円+税
石ノ森章太郎×沼正三による「戦後最大の奇書」のコミック化第二巻。
天照大神の正体は未来世界の白人女性だった!?　日本史を覆す想像力の局地。
2010.12発行／ISBN978-4-7808-0155-2／A5判・上製／256頁

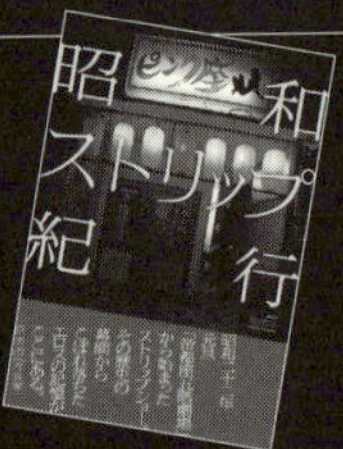

昭和ストリップ紀行

編著●坂田哲彦　定価●1,800円+税
かつて隆盛を誇ったストリップ劇場は、いまその灯火が消えつつある。
地方の温泉場にある昭和の面影残るストリップ劇場の記録を、写真と紀行文でつづる。
2010.06発行／ISBN978-4-7808-0147-7／A5判・並製／144頁

クズが世界を豊かにする

YouTubeから見るインターネット論

著●松沢呉一　定価●1,600円+税
一人のジャーナリストより、ケータイを持った100人に意味のある時代。
YouTubeをサンプルにメディアの変化、文化比較、インターネットの今後の可能性を語る。
2009.12発行／ISBN978-4-7808-0139-2／四六判・並製／248頁

エロスの原風景

江戸時代〜昭和50年代後半のエロ出版史

著●松沢呉一　定価●2,800円+税
顧みられることなく消え行く「エロ本」を記録した日本のエロ出版・エロ表現史。
著者所蔵の膨大な資料からエロ本173冊、図版354点をフルカラーで掲載。
2009.07発行／ISBN978-4-7808-0126-2／A5判・上製・函入／168頁

二人で生きる技術

幸せになるためのパートナーシップ

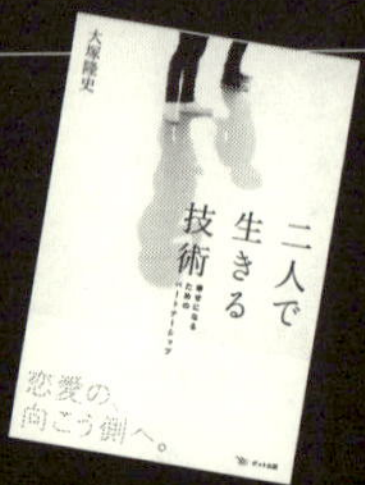

著●大塚隆史　定価●2,200円+税
ゲイである著者が自らの経験を元に得た二人が一緒にいるために必要な「技術」。
同性愛者に限らず、パートナーとの関係に悩むすべての人へ役立つ一冊。
2009.10発行／ISBN978-4-7808-0135-4／四六判・並製／280頁

●全国の書店、オンライン書店で購入・注文いただけます。
●以下のサイトでも購入いただけます。
ポット出版◎http://www.pot.co.jp　販元ドットコム◎http://www.hanmoto.com